金融发展过度的美国

★ ★ ★ ★ ★ ★ ★ ★ ★

倪淑慧　　胡海峰◎著

知识产权出版社
全国百佳图书出版单位

图书在版编目（CIP）数据

金融发展过度的美国/倪淑慧，胡海峰著. —北京：知识产权出版社，2016.6(2017.3重印)

ISBN 978-7-5130-4199-7

Ⅰ.①金…　Ⅱ.①倪…　②胡…　Ⅲ.①金融业—研究—美国　Ⅳ.①F837.12

中国版本图书馆 CIP 数据核字(2016)第 109932 号

内容提要

2008 年全球金融危机爆发后，学术界、实务界以及政府部门在探讨金融危机成因和治理的过程中，纷纷将目光聚焦在金融业的规模上，许多学者认为，一些发达国家（特别是美国）的金融业发展过大、过度。对此，本书选取危机源头的美国作为研究对象，在梳理现有文献的基础上，从金融—增长和金融部门两个视角对美国金融发展过度问题进行分析。金融—增长视角主要讨论美国金融发展是否过度以致对经济增长产生负影响，金融部门视角主要讨论相比其他实体经济部门，金融部门是否吸取了过多的人力资本和物质资本，造成社会资源配置的无效率。并进一步分析了美国金融发展过度的原因和负面影响。最后还对中国金融发展问题进行了初步分析，发现目前得出中国存在金融发展过度问题的结论还为时过早，但是应谨防个别部门出现发展过度，此外，互联网金融的快速发展，如果得不到有效引导也将触发金融发展过度问题，并给出如下对策建议：要保持金融和实体经济的均衡发展，谨防房地产泡沫，加强金融监管。

责任编辑：李　瑾　　　　　　　　　　　　责任出版：刘译文

金融发展过度的美国

倪淑慧　胡海峰　著

出版发行：知识产权出版社有限责任公司	网　　址：http：// www.ipph.cn
社　　址：北京市海淀区西外太平庄 55 号	邮　　编：100081
责编电话：010-82000860 转 8392	责编邮箱：lijin.cn@163.com
发行电话：010-82000860 转 8101/8102	发行传真：010-82000893/82005070/82000270
印　　刷：北京嘉恒彩色印刷有限责任公司	经　　销：各大网上书店、新华书店及相关专业书店
开　　本：787mm×1092mm　1/16	印　　张：11.5
版　　次：2016 年 6 月第 1 版	印　　次：2017 年 3 月第 2 次印刷
字　　数：240 千字	定　　价：39.00 元
ISBN 978-7-5130-4199-7	

前　言

2008 年全球金融危机爆发后，学术界、实务界以及政府部门在探讨金融危机成因和治理的过程中，纷纷将目光聚焦在金融业的规模上，许多学者认为，一些发达国家（特别是美国）的金融业发展过大、过度。英国金融服务管理局主席 Adair Turner 勋爵就大声疾呼："不是所有的金融创新都是有价值的，不是所有的金融交易都是有用的，过大的金融系统不一定更好，金融部门已经超过其社会最优规模。"他指出，在过去 20～30 年，发达国家金融体系规模上的扩张并未带来经济增长的稳定，更多的是从实体经济赚取了租金收益，反而成为金融脆弱性和不稳定的重要诱因。对此，本书选取危机源头的美国作为研究对象，在梳理现有文献的基础上，从金融增长和金融部门两个视角对美国金融发展过度问题进行分析。金融增长视角主要讨论美国金融发展是否过度以致对经济增长产生负影响；金融部门视角主要讨论相比其他实体经济部门，美国金融部门是否吸取了过多的人力资本和物质资本，造成社会资源配置的无效率。

金融增长视角的研究主要从以下三个方面展开。首先，选取私人信贷占比 GDP、证券市场换手率、证券市场资本化率、证券市场交易价值、金融结构等传统金融发展指标，考察其对经济增长的影响。研究发现美国金融发展和经济增长间存在一个倒"U"形曲线关系，即超过一定"门槛值"，金融发展将对经济增长产生负影响，而且美国证券市场发展过度程度要高于信贷市场。比如在样本区间内，证券资本化率在 1998—2001 年和 2005—2007 年均超过了 133.07% 这个"门槛值"，甚至一度高达 160%。其次，在使用传统金融发展指标得到美国金融发展过度结论的基础上，通过对比金融部门和实体经济部门，构建金融发展过度指标，包括私人信贷占比 GDP 减去生产性部门产出占比 GDP 的差额、金融部门产出占比 GDP 减去生产性部门产出占比 GDP 的差额、金融部门占总就业人口的比重和金融部门就业比重的增长率，考察其对经济增长的影响。研究发现1962—2011 年，金融部门产出分别用私人信贷占比 GDP 和 GDP 增加值考察，两部门差额的增加均不利于经济增长。最后，为进一步考察究竟是哪部分信贷导致了对经济增长的负影响，根据信贷流向将商业银行信贷分为家庭信贷、企业信贷和房地产信贷，研究发现，在美国家庭部门信贷比重的增加有利于经济增长，房地产信贷比重的增加不利于经济增长，企业信贷比重的影响不明确。

金融部门视角的研究主要考察了 20 世纪 80 年代后美国金融部门和银行部门的相对规模和效率。通过金融部门和生产性部门的对比研究发现，美国金融部门的相对规模、相对收益以及相对资本支出的增长速度都远大于生产性部门；引入金融部门 GDP 增加值与融资缺口之比指标衡量金融部门功能效率，发现金融部门功能效率呈现下降趋势；此外，金融部门提供的流动性、做市和创新等功能并未明显提高社会效益，即不能判定为有效产出。对银行部门的研究中，将美国银行资产规模与整体经济和实体经济金融需求进行对比后发现，美国银行相对规模增长较快，严重增加了政府的救助成本，超过了实体经济需要的规模；同时利用DEA 数据包络分析美国主要商业银行效率，发现其纯技术效率较高，但是规模效率却是递减的，可见缩减这些银行规模，将有助于效率的提高。

接着，本书分析了美国金融发展过度的原因和负面影响。首先从美国经济的特殊性出发，探讨美国经济霸权、美元特殊地位以及发达金融市场对金融发展过度问题的影响，实证研究方面，发现宽松的货币政策、监管放松以及金融业的逐利性是美国金融部门发展过度的主要原因；而且美国金融部门的过度发展给本国经济和全球经济带来了严重的负面影响，包括房地产市场泡沫、"双赤字"、金融危机、金融与实体经济脱节、全球流动性过剩和世界经济不平衡等诸多问题。

最后本书还对中国金融发展问题进行了初步分析，发现目前得出中国存在金融发展过度问题的结论还为时过早，但是应谨防个别部门出现发展过度；此外，互联网金融的快速发展，如果得不到有效引导也将触发金融发展过度问题，并给出如下对策建议：要保持金融和实体经济的均衡发展，谨防房地产泡沫，加强金融监管。

目　录

第一篇　理论基础

第二篇　美国金融发展过度问题分析

第三篇　谨防中国金融发展过度

第一篇

理论基础

第一章 绪 论

第一节 选题背景及研究意义

一、选题背景

20 世纪 90 年代后，美国经济似乎进入了自由资本主义的极乐世界。金融市场和交易规模不断扩张，带动证券市场和房地产市场的资产价格不断上涨，居民财富大幅增加，大量国际资金流动不断涌入，经济增长似乎已经摆脱了经济周期的限制，呈现一派繁荣的景象。

但是在 2007 年 4 月，从美国第二大次级抵押贷款机构——新世界金融公司首次传出破产消息到申请破产保护，仅用了不到半个月的时间。此后，次贷危机开始急速蔓延，房屋销量大幅下降，信用评级机构下调多个次级抵押贷款的信用评级；曾经辉煌一时的五大投行或破产或被接管或被救助，损失惨重。次贷危机迅速传染到其他国家和地区，多个大型银行破产；欧美、日本央行联手救市，也未能阻止股市下跌、房市萎缩和经济持续衰退。美国次贷危机迅速演变为席卷全球的金融危机。

金融危机的教训是深刻的，它为何在世界上经济最发达、最健全的美国发生，成为危机后研究的重点，从政府到民间，可谓仁者见仁、智者见智。主要观点：一是美国房地产泡沫破裂导致了金融危机，该观点更强调金融危机的突发性和自发性；二是美联储不当的货币政策导致了金融危机（Duncan，2007），宽松的政策导致过度储蓄，流动性过剩导致资产价格上涨，最终引发金融危机；三是金融过度创新导致并传播了金融危机；四是新兴国家的过度储蓄导致金融危机（伯南克，保尔森，2009），即著名的"外因论"；五是美元国际货币地位导致了金融危机；六是金融机构的过度贪婪和道德缺失引发金融危机；七是自由经济下的监管不当引发金融危机；八是美国的债务经济模式引发了金融危机；诸此等等。

值得一提的是，Arcand 等（2012）在一篇名为《金融发展过度了吗》的文章中，从金融发展过度视角，对上述问题进行了研究，得出 20 世纪 80 年代后，主要发达国家金融部门已经呈现过快过度发展的迹象，减低了社会效率，积累了大量风险，严重阻碍了经济增长。那么金融发展过度是不是美国爆发金融危机的原因呢？具体来说，美国是否存在金融发展过度问题，而这个问题又会给美国经济以及全球经济带来什么样的影响和危害呢？带着这个问题，我们开始本书的研究。

二、研究意义

金融危机爆发已经有七年的时间，主要发达国家经济出现复苏之势，但是要真正走出并避免金融危机并不容易。因此探索金融危机爆发原因、研究美国金融部门发展过度问题有如下理论和现实意义。

一是从美国经济结构、金融发展角度，探讨金融危机爆发的真正原因，驳斥美国经济学家关于新兴国家过度储蓄、全球流动性过剩导致金融危机的观点。

二是深化金融发展理论相关研究。尽管现有金融发展理论已经相对成熟，但是鲜有文献涉及金融发展过度问题。关于金融发展不能促进经济增长的研究，多从金融脆弱性、国家经济水平、国民收入水平等视角进行讨论。本书引入金融发展过度概念，以期厘清金融发展不同阶段对经济增长的不同影响。

三是综合考评美国金融部门功能和效率，为美国监管政策实施提供支持。反对监管的学者提出，削减和限制金融业的规模将降低美国金融部门的竞争力和效率；而通过金融—增长和金融部门两个视角分析，得出美国存在金融发展过度问题，将推翻反对监管者的观点，有利于美国监管政策的实施。

四是重新审视金融和实体经济关系，使金融发展更好地为实体经济服务。通过研究美国金融发展过度给本国及全球经济带来的一系列负面影响，为中国及其他国家保持适度金融发展和创新，提供经验借鉴和政策启示。

｜第二节　文献综述｜

2008 年金融危机爆发后，学术界和实务界对金融发展是否具有增长效应的问题进行了激烈的讨论。Rousseau 和 Wachtel（2011）研究发现，在 1965—2004 年，当金融深化或者私人部门信贷超过一定规模时，对 GDP 增长的促进作用就消失了。因此许多学者认为当金融发展过度时，不再能很好地发挥其促进投资、优化资源配置、降低风险和便利交易的职能，因此对经济增长不再有促进作用，甚至给经济增长带来负面影响。现有文献的研究主要从两个视角来展开：一是从金融—增长功能视角的讨论集中在金融发展是否过度以至于对经济增长产生负影响；二是从金融部门视角，主要讨论作为一个独立的部门——金融部门是否发展过大或者过快，吸收了过多的物质和人力资源，造成社会资源配置的无效率。

一、从金融—增长视角来审视金融发展过度

许多现象表明在中等发展水平的国家，金融发展的增长作用最为显著，随着金融水平的不断提高，该作用呈现下降的趋势。那么，是否存在一个"门槛"，当超过这个"门槛"时，金融发展开始对经济增长产生负影响呢？

1. 金融发展过度的实证研究

关于超过某一"门槛"，金融发展将产生负的社会产出的观点并不是最近才有。比如，De Gregorio 和 Guidotti（1995）考察了不同收入国家的金融深化与产出增长的关系，得到 1960—1985 年，高收入国家金融发展深度对产出增长有促进作用，但是把数据时间缩小至 1970—1985 年后，金融发展深度对产出增长产生负的影响。他们对此做出解释，认为高收入国家可能已经达到一个点（边界），过度的金融深化不再提高投资效率。

全球金融危机爆发后，学术界对金融发展带来负影响的研究再次成为热点。Arcand 等（2012）在一篇名为《金融发展过度了吗》的文章中，实证考察了金融发展和经济增长的关系。与上述研究不同，作者基于金融发展和经济增长的非单调性关系进行回归，结果得出，1970—2000 年，当私人信贷超过 GDP 的 110% 时，金融发展开始对经济增长产生负影响。作者进一步将数据时间扩展至 1960—2005 年，发现金融发展对经济增长的边际效应变为负值时，私人信贷占 GDP 的比值为 100%；再将时间扩展至 1960—2010 年，得到的"门槛值"为 90%。特别地，作者还考察了流动性对门槛值的影响，得到在经济正常运行情况下金融发展对经济增长的边际效应变为负值时，"门槛值"为 80% 左右，而在金融危机时，"门槛值"为 110%。

由于采用了私人信贷占 GDP 的比值作为衡量金融发展的指标，作者在描述金融发展时没有将金融发展、金融深化和金融规模进行区分。Cecchetti 等（2012）则直接讨论金融发展规模和经济增长的关系，基于金融发展和经济增长的倒 U 形曲线关系，采用劳动力人均 GDP 增长率指标[①]衡量经济增长，得到的

[①] 多数文献在衡量 GDP 增长时，采用人均 GDP 增长率（GDP percapita）指标，但是 Cecchetti 等人则对劳动力人口和非劳动力人口进行区分，因此采用劳动力人口作为基数，得到劳动力人均 GDP 增长率（GDP per-worker growth）。

"门槛值"为 100%。同时，作者还用银行信贷代替私人信贷作为衡量金融发展规模的指标，也得到相似的结论：当银行信贷占 GDP 超过 95% 时，对经济增长产生负影响，但是根据五年内劳动力人均 GDP 增长率不同，这个"门槛值"在 90%～104% 之间不等。

研究金融和经济增长关系时，不仅要考虑金融活动的产出，还应考虑金融活动的投入。基于这个原因，Capelle-Blancard 和 Labonne（2012）使用信贷总额来衡量金融活动的总产出，用金融行业就业人口占总劳动人口的比重来衡量金融活动的投入，然后用信贷总额除以金融部门就业人数来构建衡量金融发展或者金融中介活动效率的指标，实证研究得到在过去 40 年间金融发展和经济增长的正向关系消失的结论。

2. 金融发展过度的原因探析

有学者认为金融发展过度，即信贷规模过大或者金融深化过度，可能是一些缺乏法律和监管的国家于 20 世纪 80 年代末和 90 年代初广泛推行金融自由化的结果。对此，Rousseau 和 Wachtel（2011）考察了金融自由化对金融—增长关系的影响。实证研究结果发现，金融自由化在减弱金融发展对经济增长的正向作用上，起到的作用并不大。考虑到不同国家金融市场结构的差异性，比如在一些国家，证券融资代替了债务融资，作者进一步考察了证券市场出现对两者关系的影响，发现证券融资代替债务融资，并未明显减弱金融发展与经济增长的正向关系。

特别地，Arcand 等（2013）通过建立信贷约束模型，证明在信贷配给和外生违约可能性的条件下，破产预期将导致金融部门超过社会最优规模，其中政府的破产和不完善的监管框架将导致社会的次优选择和过度借贷。具体来说，银行破产带来较大的外部成本，使得银行业成为管制最为严格的部门。同时为保证存款人的利益，政府成立了各种显性或隐性的金融安全网。但是作者认为正是这些所谓的金融安全网，使得银行有激励承担更高的风险，盲目扩张规模，发展过度，最终阻碍经济增长。

此外，有不少学者从银行危机的角度解释了金融发展过度带来的负影响。Rousseau 和 Wachtel（2011）认为，银行危机是金融发展对经济增长正向作用消失的主要原因。De la Torre 等（2011）讨论了金融发展过度和金融危机的关系，发现随着金融发展的不断推进，金融发展效益呈现递减趋势，而保持金融稳定成本呈现递增趋势，达到一定规模时，将超过金融发展带来的回报，更有可能带来金融危机。Chen（2012）基于 1960—2009 年 150 个国家的面板数据，使用私人信贷占 GDP 比值作为衡量金融发展规模的指标，得到金融发展过度或者一个过大的金融部门容易提高系统性银行危机发生的概率，而权益市场资本规模的提高则会降低系统性银行危机发生的概率。基于金融部门混业经营的现状，Shleifer 和 Vishny（2010）认为，银行将资产投资于证券市场使其自身变得不稳定，更容易引发危机。

3. 对金融发展过度观点的质疑

对金融发展过度的观点，有许多学者从不同角度提出了反对意见。

首先，有学者认为衡量金融发展的指标过于简单和粗略，难以抓住高层次的金融发展。金融发展过度的实证研究在衡量金融发展程度时，多采用私人信贷总量占 GDP 的比值这个指标，但是面对日益复杂的金融活动，私人信贷总量已经不可能涵盖所有的金融发展，在很多国家权益市场融资规模远远超过私人信贷总量。比如 Demirgüç-Kunt 和 Huizinga（2010）就认为金融部门的活动已经超过了传统金融中介的范围，呈现非中介金融活动的趋势。很多金融活动无法用简单的数据测量其社会效益，比如金融创新。当然对这个观点，也有学者提出反对意见，认为由于金融部门业务不断扩大，金融发展的社会效益确实无法靠简单的指标衡量，但是就目前金融部门的功能来看，除了提供融资、收取资产管理费用、增加房地产资产泡沫外，金融发展的社会效益并不明显。另外 Greenwood 和 Scharfstein（2013）还提到金融也有很多负面效应无法测量，比如加大收入不公等。

其次，有学者认为不能简单地从私人信贷来源对信贷进行分类，而应该依据信贷的投放和流向对私人信贷进行分类。Beck 等（2012）根据私人信贷分别进入生产部门和家庭的现实，将私人信贷分为生产性信贷和消费性信贷；实证研究证明生产性信贷对经济增长有促进作用，而消费性信贷没有这个作用。作者进一步将银行部门业务分为中介业务和非中介业务，中介业务即信贷业务，非中介业务包括衍生品和交易活动；基于 77 个国家 1980—2007 年的面板数据，得到如下结论：从长期来看，中介业务能促进经济增长并减少波动，但是非中介业务并没有这个功能。对此，也有学者提出质疑，认为如果扩大数据中的国家样本和时间样本，可能会得出过快的家庭信贷将会对经济增长产生负影响的结论。

再次，金融发展过度的研究并未考虑国家发展水平和金融结构，因为不同国家有不同的金融结构，而且银行发展和证券市场发展对经济增长的短期和长期影响并不一样。Chenget 等（2012）基于 15 个发展中国家和 15 个新兴国家 1976—2005 年的数据，研究发现长期的信贷增长在发达国家对经济增长是有益的，在发展中国家却是有害的；但是，证券市场发展和经济增长的关系在发达国家是有害的，在新兴国家是有益的，因此简单应用私人信贷数据不能得出普适的结论。

最后，金融发展过度的研究并没有考虑技术进步的作用。Ductor 和 Grechyna（2011）使用传统的指标进行回归分析，发现在 1970—2005 年，当私人信贷与 GDP 的比值为 122％时，金融发展的正效应最大，过度的金融发展将对经济增长产生负影响。但是作者认为并不是金融发展过快了，而是生产部门的技术进步和创新没有赶上金融部门的发展速度，才使得金融发展对经济增长产生负影响。

二、从金融部门视角来剖析金融发展过度

与从金融—增长功能视角分析金融发展过度问题存在争议不同，在金融部门比其他部门发展快并占用了过多的资源方面，学者们达成了一致意见。

实际上，在 20 世纪 80 年代就有学者意识到金融部门发展过度的问题。Tobin（1984）提到："我们把越来越多的资源，包括年轻的人力资本投入到远离生产产品和服务的金融活动中，投入到获取与其社会生产力不相称的高额私人收入的活动中……金融部门的社会产出低于其私人收入，过大的金融部门将从生产性部门中'偷取'人力资本，从而导致社会资源配置无效，最坏的结果是金融部门不再具有生产效益。"

全球金融危机爆发后，学者们纷纷提出，相比金融部门提供的服务，其占用了过多的人资资源，并获得了超额的管理费用，特别是发达国家的金融部门已经发展过度了。对此，学者从以下几个方面进行了论证。首先，通过对比实体经济部门和金融部门的发展速度，论证金融部门发展过快是导致对经济出现负影响的主要原因。其次，通过构建二元金融机构的职业选择模型，论证存在隐性信息的金融市场确实存在发展过度的可能性。此外，还有学者直接从金融部门自身的投入和产出进行分析，讨论其效率问题，即金融部门提供的金融服务是否弥补了金融部门使用的经济资源。最后，有学者从金融部门的集中率上分析，讨论单个机构和单项交易是否存在过大或者过于集中的现象。

1. 通过两部门对比研究金融发展过度问题

通过不同部门发展速度的比较，可以判断某个部门是否存在过度发展的问题。Ductor 和 Grechyna（2011）在研究金融部门发展过度问题时，将经济分为生产性部门（包括制造企业和能源）和金融部门（包括金融服务），基于 33 个 OECD 国家的面板数据，证实了平稳顺畅的经济增长需要实体经济部门和金融部

门的均衡增长，因此两部门之间均衡的技术进步是经济增长的必要条件。其中生产性部门的技术进步可以扩大经济的生产能力，而金融部门的技术进步使这些新生产能力得到有效应用。鉴于两部门技术进步对经济增长的不同作用，作者认为只要实体经济部门的增长速度超过金融部门，金融危机就不会发生。

在区分生产性部门和金融部门对经济增长的不同作用后，作者将金融部门发展过度定义为社会总产出下降时，金融部门和生产性部门增长率之间的差额。具体来说，作者选取了衡量金融和生产性部门差额的四个指标来考察金融部门是否发展过度了。第一个指标是金融部门和生产性部门中产出增长的差额。其中金融部门产出指的是金融中介、房地产、租赁和其他经济活动产生的 GDP，生产性部门的产出主要指工业产出。研究发现当差额超过 4.45% 时，会对经济增长产生负影响。第二个指标是私人信贷占 GDP 的比值与生产性产出占 GDP 比值的差额，其中 GDP 为实际 GDP 增长。研究发现当差额超过 43.3% 时，会对经济增长产生负影响。第三个指标是金融部门和生产性部门中单位劳动力成本增长的差额，研究发现当差额超过 1.33% 时，会对经济增长产生负影响。第四个指标是金融部门和生产性部门中单位劳动力生产率增长的差额，这个指标在统计上并未得到显著结果。

此外，Cecchetti 和 Kharroubi（2012）选择金融部门就业人口占总就业人口的比重来衡量金融部门发展是否过度，作者认为这是衡量人力资本是否错配的最好指标。实证研究得出，当金融部门就业人口占总就业人口的比重超过 3.5% 时，对经济增长产生负影响。但是根据五年内劳动力人均 GDP 增长率不同，不同国家这个比值在 2.7%～3.9% 不等。作者还进一步研究了金融部门就业增长过快对经济增长的影响。选用金融部门就业人口占总就业人口比重的增长值作为衡量金融部门发展速度的指标，用以考量其与生产力增长的关系。研究发现当金融部门就业比重的增长率超过 1.3% 时，将对生产力增长产生负影响。当金融部门急剧扩张时，特别是就业比重年度增长 1.6% 时，人均 GDP 增长率将下降 0.5%。从中可以看出，金融部门的过快增长会给其他部门带来较高的负外部性。

2. 通过划分二元金融机构研究金融部门发展过度问题

考虑到金融市场的信息不对称问题，Bolton 等（2011）创新性地引入二元金融部门，即将金融市场分为标准交易市场和有隐性信息的 OTC（店头交易）市场。通过建立职业选择模型，论证了在信息不对称的 OTC 市场上，经纪人收取了过高的信息租金，同时也吸引了过多的人力资本进入金融部门。

在职业选择模型中，参与者可以选择在实体经济部门工作成为企业家，或者进入金融市场上，成为知情经纪人。当然成为知情经纪人需要具有评估交易资产价值的技术，因此进入金融市场是有成本的。此外，存在两类金融市场，一个是具有透明信息的竞争金融市场，在这个市场上参与者进行统一标准的交易；另外一个是具有隐性信息的OTC市场，在该市场上知情经纪人具有信息优势和评估技能，能够为企业家在该市场上出售资产提供诱人条件和激励，当然在提供评估服务时，他们也收取信息租金。知情经纪人的这种"撇油"（cream skimming）行为，给规范交易施加了一个负的外部性，最终导致并不是很有价值的资产在该市场上交易，降低了市场的效率。

在该模型中，经纪人根据资产的特征来提供信息，但是信息并不会反应在市场价格中；因此多少人参与交易，信息在多少人之间传递，并不会改变资产价格；竞争最终只是简单地增加了信息租金，因而金融市场上的信息是生产过度了。该模型从侧面解释了金融行业存在的普遍现象，即知情方有激励退出规范交易市场，因为在OTC市场上交易的话，可以获取大额的信息租金。此外，二元金融市场的分析还有助于解释金融业急速上涨的佣金总是集中在一部分或者某一类型的金融机构里，主要是场外交易市场的中介机构，这正是经纪自营商及大型商业银行代理经销商通过"撇油"获取高额信息租金的结果。

3. 通过对比金融部门投入和产出的研究

金融部门高额的收益，特别是资产评估费用和从业人员的工资，在金融危机期间受到各界人士的抨击，他们认为相比其提供的服务，金融部门获取了过多的收益。以金融部门从业人员的薪水为例，在1980年，金融部门从业人员的工资与其他行业同等职位员工的薪水基本持平，但是截止到2006年，金融部门的工资至少比其他部门高出了70％（Phillipon & Reshef，2009）。高额的收入吸引了更多的人力资源进入该行业，1969—1973年，哈弗仅有6％的毕业生进入金融服务部门工作，到了2008年，有将近28％的毕业生选择投身金融行业（Goldin & Katz，2008）。因此，美国金融业已经变成熟练工人密集的行业（Phillipon & Reshef，2009）。

Epstein和Crotty（2013）通过比较金融部门的收入和金融部门提供的服务研究了美国金融部门规模的问题。作者首先考察了不同经济部门依靠外源融资和内源融资的情况，发现在过去一段时间内，非金融机构（部门）越来越多地依靠外源融资。为购买房产和耐用品，家庭从金融的净借出者变成净借入者，同时政府部门也更多地依靠外源融资。这些趋势使得金融活动脱离生产性投资转向消费性借贷，容易引发资产泡沫。在此基础上，作者选取金融部门工资和利润与融资缺口（外源融资和内源融资的差额）之比作为衡量金融部门收入和其提供服务的指标。研究发现，相比提供的服务，美国金融部门的收益确实有急剧上升的发展趋势。

第三节　研究内容和框架

一、金融发展过度概念界定

从上述文献综述可以看出，我们至少应从以下两个视角对金融发展过度进行界定。一个视角是从金融发展和经济增长的关系入手，当金融发展规模、结构超过一定"门槛值"时，将对经济增长产生负影响，说明此时金融发展规模过大、结构失衡，即存在金融发展过度问题。另一个视角从部门对比研究入手，当金融部门相比其他部门，相对规模增长过快时，其部门效率或者功能效率却呈现下降趋势，即金融部门的扩张并未提高自身和社会效率，说明此时金融部门存在发展过度问题。

金融—增长和金融部门两个视角的研究并不矛盾，当金融发展规模、结构超过"门槛值"时，势必会降低社会资源配置效率；而当金融部门相对规模过大，造成自身效率和社会资源配置效率下降时，势必也会对经济增长产生不利影响。因此我们将金融发展过度界定为：当金融部门增长速度明显超过实体经济部门，在获取相对高收益、占用过多资源时，却逐步偏离其服务功能，最终导致部门和社会效率下降并对经济增长产生负影响。

二、主要研究内容和框架

本书的主要研究内容如下。

在提出问题后，首先是理论借鉴，主要包括金融发展理论和效率理论；第三章回顾美国金融体系发展历程，根据是否成立中央银行，金融体系发展规模、结构以及相关监管情况，将其分为萌芽、初创、改革和成熟以及快速膨胀四个阶段。接下来的第四章和第五章分别从金融—增长视角和金融部门视角对该问题进行实证研究。

金融—增长视角的研究中，首先，基于金融和发展的非线性关系，选取传统金融发展指标，考察其对经济增长的影响；其次，通过对比生产性部门和金融部门，构建金融发展过度的四个指标，考察其对经济增长的影响。最后，根据信贷流向，将商业银行信贷分为家庭信贷、企业信贷和房地产信贷，分别考察其对经济增长的影响。

金融部门视角的研究中，先考察了金融部门整体的相对规模和功能效率，将其与生产性部门进行对比研究；然后对银行规模和效率进行了研究，在银行规模的讨论中，引入跨国企业金融需求指标，衡量美国银行业规模；最后从财务指标和 DEA 数据包络两个层面研究美国银行效率。

第六章从美国经济的特殊性角度分析美国金融发展过度问题。分别就美国经济霸权地位、美元中心地位、美国在国际金融组织的绝对话语权以及自身发达的金融市场四个方面进行了分析，研究发现美国在全球经济中的特殊地位是美国金融部门过度发展不可回避的原因。

第七章从美联储宽松的货币政策、金融监管当局的监管宽容、金融部门自身的非理性和逐利性三个方面分析了美国金融发展过度的原因，最后对上述分析进行实证检验。

第八章重点分析了美国金融发展过度带来的危害，主要从房地产泡沫、"双赤字"、金融危机、经济衰退、全球流动性过剩和世界经济不平衡几个方面进行讨论。

第九章对中国金融部门的分析，初步回答了中国是否存在金融发展过度的问题，并为中国经济金融发展提出三点政策启示，包括保持金融和实体经济的协调发展，谨防房地产泡沫，加强监管、保持适度金融创新。

第四节　创新点及不足

一、可能的创新点

理论方面，一是提出金融发展过度概念，即当金融部门增长速度明显超过实体经济部门，在获取相对高收益、占用过多资源时，却逐步偏离其服务功能，最终导致部门和社会效率下降并对经济增长产生负影响的过程。二是深化了金融发展理论，传统金融发展理论多从企业信贷角度进行研究，但是 20 世纪 80 年代后部分发达国家家庭信贷和房地产信贷急剧增长已是不争的事实，因此根据信贷流向，区分家庭信贷、企业信贷和房地产信贷，分别考察其对经济增长的影响，为后续金融发展理论的研究提供了新的视角。三是提出金融部门规模和功能效率概念，引入相关衡量指标——金融部门 GDP 增加值与企业融资缺口之比，考察相比提供的服务，金融部门是否获取了过多的利润；并综合考评了金融部门提供流动性、做市以及金融创新等功能带来的社会效益。四是驳斥了金融危机外因论，针对美国国内提出全球流动性过剩、世界经济不平衡，特别是以中国为代表的发展中国家的过度储蓄和过量外汇储备是美国金融危机爆发的主要原因的论调，本书在系统分析金融发展过度原因和影响的基础上，得出金融危机、世界经济失衡、全球流动性过剩均是美国金融发展过度的结果的结论。

实证方面，一是为金融发展过度问题的实证研究提供了初始框架，包括金融—增长视角和金融部门视角。二是实证验证了美国金融发展和经济增长的倒"U"形曲线关系，即当金融发展超过一定"门槛值"时，将对经济增长产生负影响，因此金融发展存在一个最优规模。三是对比金融部门和生产性部门，构建金融发展过度指标，包括私人信贷占 GDP 比重减去生产性部门产出占 GDP 比重的差额、金融部门产出占比 GDP 减去生产性部门产出占比 GDP 的差额、金融部门就业人口占总就业人口的比重以及金融部门就业比重的增长率，实证得出当金融部门增长与生产性部门增长的差额增大时，不利于经济增长；因此金融部门增长速度要和生产性部门增长保持一致，才能实现经济的可持续发展。四是构建新的衡量银行规模和效率的指标，基于跨国企业更偏好大型银行的经验事实，引入大型跨国企业规模作为衡量银行规模是否过大的重要指标。

二、研究的主要不足

当然，本书的研究还存在诸多不足之处。主要包括：一是计量模型、数据样本以及实证方法过于简单，因而结论和建议都稍显单薄。二是未对金融部门功能效率进行详细的定量考评，仅对学者提出的金融部门的一些功能进行了理论上的评述，但是鉴于许多功能无法用指标衡量，因此未进行相关量化分析，这也是后续研究的重点。三是未对金融发展过度的负面影响进行实证验证，仅从理论和一些简单的数据得到金融发展过度是金融危机和世界经济不平衡原因的结论。上述不足也是后续研究的重点和方向。

第二章 金融发展过度研究的理论借鉴

梳理相关文献后，本书拟从金融—增长和金融部门两个视角研究美国金融发展过度问题。金融—增长视角主要讨论金融是否发展过度，以至于对经济增长产生了负影响；第二个视角主要考察作为一个独立的部门，美国金融部门的功能效率是否随着相对规模的增加而提高。因此本书能够借鉴的理论主要包括金融发展理论和效率理论。

金融发展与经济增长关系的研究称为金融发展理论，即研究如何建立有效的金融体系，制定合理的金融政策，从而有效利用金融资源，实现金融功能，最大限度地促进经济增长。梳理金融发展理论将为我们从金融—增长视角考察美国金融发展过度问题提供理论支持。

关于金融部门效率的研究较少，多集中在银行效率方面，因此本章从一般效率理论入手，引出银行效率理论，从而为本书金融部门视角的研究提供理论依据和研究思路。

|第一节 金融发展理论|

关于一个运行良好的金融系统在经济增长中发挥着重要作用的观点可以追溯到 Bagehot（1873），他研究了金融系统在工业革命产生和发展中的关键作用。实证研究方面，Goldsmith（1969）最早论证得出金融体系的规模和长期经济增长之间存在正相关关系，他指出这种正相关性是由金融中介提高效率导致的，跟投资规模无关。但是 Goldsmith 没有论证两者之间是否存在因果关系。直到 20 世纪 90 年代初期，经济学家才开始致力于鉴定金融和增长之间的因果关系。King 和 Levine（1993）首次提出金融发展能够预言经济增长；Beck 等（2000）则研究得出两者之间存在因果关系。之后，学者们分别从金融抑制、金融结构、金融功能、法律观等角度对金融发展和经济增长的关系进行了研究和讨论，成果十分丰硕。

一、金融结构理论

Goldsmith 在其 1969 年的著作《金融结构与经济增长》中，系统地研究了金融结构，通过创建衡量金融结构和金融发展的各种定量指标，研究了金融结构、金融发展和经济增长的关系，开创了金融结构理论。

作者认为一国金融系统的结构可以分为金融资产和金融工具的数量、种类和分布三大方面，而金融发展则表现为金融结构的变化。对此，作者创建了一整套指标衡量金融发展，其中金融相关比率（FIR），即全部金融资产与全部实物资产（国民财富）价值之比，是衡量金融相对规模最基础的指标，用以衡量一国的金融上层建筑与经济基础的关系。根据该指标作者将金融结构分为三大类，并指出金融结构的转换是一个渐进的过程，许多国家的金融结构可能处于中间类型。在此基础上，作者进一步指出金融机构具有动员储蓄、有效分配资金的作用，因而金融发展能够促进经济增长。

后续的学者拓展了金融结构的内涵，将融资主体、金融组织、运行机制等纳入研究；转向银行为主和市场为主金融体系的对比研究上，形成了"市场导向"和"银行导向"两大派别。

推崇银行导向结构的学者认为该结构至少有以下优势：一是银行可以减少证券市场的重复劳动和搭便车问题；二是银行可以通过降低交易成本提供跨代风险分担（Allen&Gale，1999）和流动性保险（Dimond & Dybvig，1983）；三是银行可以更好地动员储蓄（Lamoreaux，1995）。而金融市场却存在很多缺陷：一是搭便车行为（Stiglitz，1985）；二是无法进行有效的跨代风险分散（Allen & Gale，1999）；三是导致股权分散至众多投资者中，减少了投资者监管企业的激励（Shleifer & Vishny，1996）；四是为实现自身利益，董事会和经理人可能会相互勾结进行抵制外部接管，降低公司治理效率。

推崇市场导向结构的学者，认为市场至少有以下优点：一是股票市场的良好运行有利于信息获取和扩散，还降低了通过兼并和收购实现有效的公司治理的成本；二是股市可以有效地实现跨部门风险分散；三是市场通过减少交易成本和信息不对称，可以更加有效地动员储蓄。而银行导向结构却存在以下问题：一是银行容易控制企业，出现信贷配给现象（Gokhan & Capoglu，1991）；二是银行通常审慎经营，反而阻碍创新；三是银行会影响公司治理（Blackk & Moersch，1998），不利于治理效率的提高；四是银行通常提供的是标准化的服务，难以适应企业的特定需求。

银行导向和市场导向观点的争论，多从对方的缺点出发，多少有些以彼之矛攻彼之盾的意味（殷剑锋，2003）。20 世纪 80 年代内生增长理论兴起，该研究方法的突破，使大家对金融结构的"两分法"有了新的认识，即认为两种结构在静态上是相互竞争的，在动态上是相互补充的（Merton& Bodie，1995）。

二、金融抑制理论

20 世纪 50 年代，发展经济学在研究发展中国家时，发现这些国家经济发展存在严重的"二元"现象，经济增长更多体现数量的增加而不是质量的提升（刘易斯，1954）。同时，各国政府都不同程度地实施了名义利率上限、直接信贷计划以及提高存款准备金等措施。这些措施实施的理论依据是 Keynes（1936）的流动性偏好理论，该理论认为由于存在流动性偏好，实际均衡利率将高于充分就业条件下的市场出清利率，因此为避免收入下降必须降低利率。Tobin（1965）构建了一个小型家庭模型，得到金融抑制政策降低了家庭业主的货币需求，进而增加了生产资本，提高了资本、劳动比率，促进了经济增长，再次为政府实施金融抑制政策提供了支撑。

McKinnon（1973）和 Show（1973）依据发展中国家的特征，将资本价格（利率）引入金融发展利率，形成了金融抑制理论分析体系；该理论的基本观点是发展中国家的相关措施抑制了金融发展，阻碍了资本形成和经济增长。

具体分析思路是：①较低的存款利率降低了人们的存款意愿，小额潜在储户很可能被排除在正规金融体系之外（Mckinnon，1973）；②较低的贷款利率降低了银行提高资金配置效率，投资更高收益项目的激励（Show，1973），最终导致贷款需求猛涨，在较低储蓄下只能通过信贷配给解决；因此应取消金融管制政策，特别是名义利率上限政策，实施金融自由化，才能提高金融体系的投资效率，有助于提高经济增长速度（McKinnon & Show，1973）。

尽管两人的基本观点一致，但是 McKinnon 和 Show 强调金融中介服务经济增长的途径有一定区别。McKinnon 的模型被称为外部货币模型，自我融资的投资者通过积累存款而不是借贷实现融资，因此其货币需求函数为：

$$\left(\frac{M}{P}\right)^d = L\left(Y, \frac{I}{Y}, d-\pi^*\right), L_1>0, L_2>0, L_3>0;$$

其中，Y 为实际国民生产总值，I 为实际投资，$d-\pi^*$ 为实际存款利率，$\left(\frac{M}{P}\right)^d$ 为实际货币需求，L 为货币需求函数，$\frac{I}{Y}$ 为投资占国民生产总值的比率；

$L_1 = \dfrac{\mathrm{d}L}{\mathrm{d}Y} > 0$ 意味着货币需求与国民生产总值同方向变化；$L_2 = \dfrac{\mathrm{d}L}{\mathrm{d}\left(\dfrac{I}{Y}\right)} > 0$，表示

随着实际投资率的提高，实际货币需求将会增加，货币与实际资本之间存在互补

性；$L_3 = \dfrac{\mathrm{d}L}{\mathrm{d}(d - \pi^*)} > 0$，表明实际利率越高，货币需求越大。

McKinnon 的模型强调金融中介通过提供一个正的利率回报带动储蓄，从而提高未来投资机会；因此利率越高，储蓄激励越高，投资机会越多，即存款等金融资产和实体资本间存在一个互补作用，即互补性假说。

Show 的货币需求函数为：$\dfrac{M}{P} = f(Y, \ V, \ d - \pi^*)$，其中 V 为持有货币的各种机会成本，其他和上述模型一致。该模型强调，由于持有货币是有机会成本的，因此当利率较低时，储户会减少储蓄而选择其他金融资产。金融中介通过提高利率，增加了储蓄回报和金融资产多样化选择，进而提高了放贷规模并降低了贷款成本；Show 还强调了金融中介之间的"学习效应"进一步提高了金融部门效率。

之后，很多学者对金融抑制框架进行了扩展，比如 Kapur（1976）、Galbis（1977）以及 Mathieson（1980）等，通过正式的宏观经济模型和动态模型证明了利率自由化作为一种稳定性的政策，不仅对长期经济增长有促进作用，还能降低货币政策的紧缩效应。

三、金融功能理论

对于金融结构理论中的争论，Merton 和 Bodie（1995）从金融功能视角提出银行和市场都属于金融制度安排，而各种制度安排构成了整个金融体系，都为经济提供相应服务，发挥自己特有的职能，相关研究形成了金融功能理论。该理论强调金融结构的变化，是为了更好地实施金融体系的基本功能。Levine（1997）系统地论证了金融体系的以下五大功能。

一是提供信息。相比单个投资者，金融中介具有规模经济效应，并且能更好地发现投资机会，改善资源配置（Diamond，1984；Boyd & Prescott，1986）。金融中介不仅能识别最好的生产技术（Greenwood & Jovanovic，1990），还可以通过辨别最有机会获得成功的企业家，提高技术创新水平（King & Levine，1993；Aeemoglu 等，2003），改善资本配置。此外，随着股票市场规模的扩大，流动性的增强，信息更容易获得和扩散（Grossman & Stiglitz，1980；Kyle，

1984；Holmstrom & Tirole，1993）。

二是规避和分散风险。首先，金融体系的出现，缓解了长期项目的流动性约束，降低了投资者的流动性风险（Hicks，1969；Diamond & Dybvig，1983；Bencivenga 等，1995）；其次，金融市场通过投资组合分散风险，有助于技术创新（Saint-Paul，1992；Devereux & Smith，1994）；最后，国际金融市场一体化使得投资者可以在国际范围内分散风险。

三是监管经营者并实施公司治理。有效的金融安排将有助于改善公司治理、动员储蓄，并将其资本配置到有利可图的项目中（Stiglitz & Weiss，1983）。此外，金融中介的代理监督比起分散监督，可以节约监督成本（Diamond，1984），有利于专业化生产发挥比较优势（Merton & Bodie，1995）。

四是动员储蓄。金融体系通过提高储蓄率，能够有效地聚集储蓄，实现规模经济（Sirri & Tufano，1995），增加资本积累，改善资本配置，提高技术创新率（sirri & Tufan，1995）。

五是便利交易。King 和 Plosser（1986）、Williamson 和 Wright（1994）提到受到认可的交易媒介能够促进交易，随着交易技术的进步，个人可以更好地致力于专业化生产；反过来，专业化分工将增加交易需求，先进的交易技术能够进一步降低交易成本（Lamoreaux & Sokoloff，1996；Greenwood & Smith，1997）。

四、金融法制理论

金融发展与经济增长相关研究文献中，有学者从以下制度因素进行了分析，包括法律的起源（La Porta 等，1998）、合同权利制度（Djankov 等，2007），财产权利制度（Acemoglu & Johnson，2005）以及政策的稳定性（Roe & Siegel，2008）等，相关研究构成金融法制理论。

该理论研究的主要观点是，不同国家的法律体系对投资者和债权人权益的保护程度是不同的，进而会影响到企业融资、公司治理、债务偿还等其他经营决策，因此也会影响长期经济增长。La Porta（1998）对 49 个国家法律保护投资者利益的有效性进行了检验，将民商法分为两类渊源：一类是普通法系，发源于英国；另一类是民法系，又有三个分支：分别是法国法系、德国法系和斯堪的纳维亚法系；并进一步指出普通法系对投资者保护强度较大；法规执行质量上，斯堪的纳维亚法系和德国法系最高，其次是普通法系，最后是法国法系。此外，有学者研究了法律与金融管制的关系（Pistor & Xu，2002），指出由于法律内在的不完备性，在司法效率不高时，就会出现金融市场管制者承担剩余法律制定权和主动法律实施权。

不同于金融结构理论，金融法制理论强调一个功能完善的法律体系有助于中介和市场的运转，一国金融服务的水平和质量实际上是由法律体系决定的；随着一国法律体系的不断发展和完善，金融功能也会不断完善。因此，LLSV（2000）认为法律和实施机制才是区分金融体系的有效途径。LLSV（1997，1998，2000），Levine（1996，1998，2000）及 Barth 和 Caprio（2001）的研究进一步表明：只有建立完善的法律制度环境，有效地保护投资者的权益，才能促进经济增长。此外，Levine 等（2000）的研究结果表明法律来源也是重要的影响因素；有学者把法律来源作为虚拟变量来进行实证分析，发现法律规则的差异至少在一定程度上是由法律来源决定的。

此外，还有学者将政治因素、政治动机、居民死亡率、地理禀赋、种族、宗教构成以及国家独立的年数等政治、历史因素作为外生变量，研究金融发展和经济增长的关系。比如，Beck 等（2003）使用前殖民地国家作为样本，检验得出由殖民者引入的法律体系及殖民地最初的禀赋均是股票市场发展和私人产权保护的重要决定因素，最初的禀赋要比法律起源更多地解释了在国与国之间存在的金融中介体和股票市场发展方面的差异。可以说，金融法制理论的研究，已经从最初的法律，逐步拓展至政治、禀赋、历史、文化、宗教及社会习俗诸多方面，形成新制度金融理论。

五、对金融发展理论的简单评价

在 Goldsmith 的开创性研究后，金融发展理论取得了迅猛发展。随着数据的丰富以及计量经济手段的进步，实证研究得出了许多有价值的结论，即金融发展与经济增长存在双向因果关系，金融发展和经济增长存在正相关性的关系。学者们还从不同视角对该问题进行了研究，形成了上述四个不同的理论体系，取得了瞩目的研究成果。

金融结构理论的主要贡献有：一是建立了衡量金融规模、金融结构的指标，为后续计量分析开拓了道路；二是初步验证了金融发展与经济增长的关系。金融抑制理论的主要贡献有：一是将利率变量引入研究，二是提出取消利率管制的金融自由化政策。金融功能理论的主要贡献有：一是在内生增长框架下引入信息不对称，二是将金融体系分为五大功能。金融法治理论的主要贡献是从国家特质因素考虑金融发展，进而探索影响经济增长的原因和渠道。

但是上述研究也存在诸多不足，一是几乎所有理论都假定金融发展对经济增长有利，或者说金融发展能够促进经济增长；实际上金融发展并不一定促进经济增长，过度的金融发展反而会对经济增长产生负影响。二是很多结论和建议受到现实挑战，比如金融抑制理论提出的金融自由化政策，许多实施该政策的拉美国家，陷入了严重的通胀，经济增长严重受损，而实施金融抑制政策的韩国和新加坡，经济增长却十分显著；2008年金融危机爆发后，有很多学者指出本次金融危机就是过度金融自由化的结果。三是衡量指标过于简单，尽管金融发展相关实证研究已经将越来越多的国家纳入计量范畴，也形成相对完善的指标体系，但是这些指标并未考虑到部分国家20世纪90年代后金融市场的变化，比如房地产信贷、家庭信贷比重日益增加的趋势；许多金融功能并不能准确衡量，比如分散风险、实施监管带来的效率无法准确衡量，随着金融创新的不断推出，原有指标更不能有效衡量金融发展和效率。四是将金融部门和实体经济部分隔离开来，重点研究金融发展对整体经济的影响，并未意识到金融部门自身已经成为一个独立的部门，也占用了一定的物质和人力资本。

第二节　效率理论

资源的稀缺性使得如何进行更好的配置成为经济学的关键和核心命题，即如何实现投入最少产出最大的问题。著名经济大师萨缪尔森就强调，效率问题是"经济学唯一的根本问题"，对效率问题的研究一直贯穿经济学发展的始终。由于本书要考察金融部门的效率，而相关研究多集中于银行效率，因此本节从一般效率概念和理论入手，引出银行效率理论的研究，从而为美国银行部门乃至金融部门的研究提供理论依据。

一、效率及效率理论

1. 效率概念

效率是经济学里使用比较广泛的一个概念，不同视角的研究形成不同的概念，比如市场效率、配置效率、组织效率、动态效率、静态效率、管理效率、制度效率等。帕累托在其1906年的著作《政治经济学教程》中首次提出了效率的定义，即"资源配置最优是指每个人至少和他们的初始情况一样好，而且至少有一个人的情况比初始时更好"。简单来说，经济理论中的效率，通常是指投入和产出的比例关系，即投入一定情况下的产出对比或者产出一定情况下的投入对比情况。

效率和效益概念都是对经济活动结果的反应和评价指标，非常容易混淆，但是两者的区别也是很明显的。首先，效率反应的是经济活动的质量，而效益反应的是经济活动的收益，强调的是数量；其次，效益是对货币投入和货币产出的比较分析，效率研究的投入和产出有货币形式的，也有非货币形式的；最后，效益多是微观层面的研究，而效率的内涵更为广泛。

2. 西方效率理论

西方效率理论产生于 18 世纪，主要经历了三个重要的发展阶段，形成了不同的效率理论，包括古典经济学的效率理论、边际学派的效率理论以及福利经济学的效率理论。

古典经济学的效率理论的代表研究是亚当·斯密 1776 年的著作《国民财富的性质和原因研究》，他强调在生产过程中，随着投入的不断增加，一只"看不见的手"引导资本流动实现了非本意的结果，即企业和个人在追求利润最大化的同时，带动了社会整体生产效率的提高。但是古典效率理论并未讨论实现效用最大化的途径，即如何配置的问题。

19 世纪 60—70 年代，为维持资本主义生产关系，边际学派以均等利益原理为基础，提出了资源配置效率的标准，W. S. Jevons，M. E. Walras 以及 K. Menger 是这一学派的核心代表人物。该学派最著名的假设就是边际效益递减规律，即随着某种投入的不断增加，其所产生的效益是递减的。此外，为获得更大经济收入，资源会从低效率行业转入高效率行业，从而提高了资源配置效率，当流出和流入达到一种动态均衡时，也就实现了均衡效率。

进入 20 世纪，垄断资本主义下，垄断厂商能够以较少的成本获取超额的利润，但是这种行为并未提高社会效率，效率和公平之间的矛盾成为新的研究领域，形成了福利学派的效率理论。学者们从庇古税、帕累托最优以及卡尔多和希克斯的补充原则等几个方面，试图化解效率和公平的矛盾。庇古税强调收入分配越接近，社会福利水平越高，因此通过对高收入者收取累进税将提高整体福利；补充原则论强调资源重新配置如果能使得一些人有所收益，同时这些收益能够补充受损者的损失并且仍有剩余，那么该配置是有效率的。

二、银行效率理论

相比证券市场或者其他新型金融机构，银行部门有实际的人力和物力资本投入，因此金融部门效率相关研究中，对银行效率的研究较多，也比较成熟。相关研究厘清了银行效率的概念、分类以及测度方法。

1. 银行效率概念及分类

银行效率是指银行在保证经营资产的盈利性、安全性和流动性基础上，通过资源配置达到最合理的投入产出组合。简单来讲，银行效率就是指银行在经营活动中投入与产出的对比、成本与收益的对比，是现代商业银行投入产出水平和综合竞争能力的统称。

银行业效率可以分为微观和宏观两个层面。微观层面的银行效率是指单个银行投入产出的比较，即金融资产（资源）的配置情况。宏观层面的银行效率是指一国整个银行体系对国家经济增长的贡献情况，即将银行业整体投入，包括资本、劳动力、机构设立成本等在内，与国民经济增量和增长质量进行比较。两个层面的银行效率并不完全相同，但是大多数情况下是一致的。

20世纪60年代，银行效率的研究集中在规模效率问题上，主要研究银行是否在最优成本状态下生产，也就是单位成本的变化情况。施魏格尔（Schweiger）、鲍莫尔（Baumol）、劳伦斯（Lawrence）等对银行的规模效率进行了大量的研究，基本得到如下结论：银行业的成本曲线是一个较为平坦的"U"形，因此中型银行规模是最有效率的；此外，银行规模效率会随着银行业技术和管理水平的提高而提高。

进入20世纪70年代，研究重点转向范围效率，即银行是否通过联合生产降低投入成本，如果银行经营多种业务的成本高于经营单一业务，则存在范围不经济；反之则存在范围效率。许多学者对此进行了实证研究，但是未得到一致结论（Welzel & Bernardo，1975）。

20世纪90年代后，全球范围内金融机构的竞争加剧，利润空间不断缩小，银行效率研究也从规模效率和范围效率转向X－效率。X－效率是指除了规模效率和范围效率以外的所有技术效率和配置效率（Frei，Harker，Hunter，2000），假定行业内存在一个表现最优的机构，其他银行的X－效率表示相对最优机构的偏离程度。全要素生产率则是衡量银行效率的综合指标，反映了除银行投入要素以外所有其他因素，包括规模经济、技术进步、配置效率改善等对银行发展的贡献。

2. 银行效率测度方法

银行效率的测度方法主要有财务指标法和前沿分析法。

• 财务指标法

财务指标法相对简单，一般基于银行财务报表，选取一组财务指标，对银行结构的经营效益、安全性、流动性进行考核。分析方法主要是比例分析法，获利能力指标主要有 ROA、ROE、收入利润率、人均利润率等；控制成本指标主要有存款费用率、贷款费用率、资产费用率、成本收益比等；安全性指标主要有资本充足率、不良资产率等；流动性指标主要包括流动比率、速动比率、资产负债率等。由于银行效率的衡量是一个较为复杂的体系，因此相关分析方法也从单指标分析法过渡到模糊指标综合分析法，主要包括杜邦分析法、层次分析法、因子分析法以及平衡计分卡分析法等。

• 前沿分析法

由于财务指标法选取指标时过于随意，很容产生相关性和共线性等问题，因此 20 世纪 90 年代后，学者们大多采用前沿分析法研究银行业效率问题。该方法的核心是根据已知的一组投入产出观测值，定义所有可能的投入产出组合，使得所有的观测值均在边界之内；效率前沿由样本中表现最好的机构构成，而其他机构的效率用于测量其对最优机构的偏离程度。

前沿分析法一般要涉及五种效率指数：综合效率亦称经济效率（EE）、技术效率（TE）、配置效率（AE）、规模效率（SE）和纯技术效率（PTE）。其中技术效率是企业在投入既定条件下的最大产出能力，配置效率反映企业在给定生产技术和投入价格条件下实现最佳投入比例的能力，企业总的经济效率体现为技术效率和配置效率。

前沿分析方法可以分为参数估计法和非参数估计法两大类。非参数估计法无须估计前沿生产函数的参数以及具体函数形式，参数估计法根据不同假设选定生产函数形式，然后对参数进行估计。参数估计法主要包括随机前沿分析法（SFA）、自由分布分析法（DFA）、厚前沿分析法（TFA）和递归厚前沿分析法（TRFA）。非参数估计法有两种具体的研究方法，包括数据包络分析法（DEA）和无界分析法（FDH）；前者使用较广，因此我们对其进行详细分析。

DEA 方法最初由 Charnes 等（1978）提出，用于评估公共以及非营利部门的效率，用来研究多投入—多产出生产部门的效率，后来被申南（Shennan）和戈尔德（Gold）运用于银行业效率研究。

根据 T. J. Coelli（1996）两种投入一种产出的图示方法，我们假定一个企业使用两种生产要素 X_1 和 X_2，假设规模报酬不变，生产函数已知。

图 2-1 中，UU' 是一条等产量曲线，曲线上的技术效率相同，代表完全效率机构，也就是效率前沿，UU' 曲线下方的生产是无法进行的。PP' 是等成本曲线，代表投入要素 X_1、X_2 的价格比，该曲线是给定要素价格下企业能达到的最合理的投入组合，该曲线上的点具有有效的配置效率。图中，C 点既在曲线 UU' 上，

又在曲线PP'上，因此技术有效配置有效，而其他点，比如A点，其综合效率都是相对C点而言的。

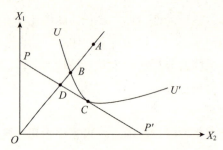

图 2-1　技术效率、配置效率和总效率

首先，A点不在曲线UU'上，其与曲线UU'的距离就是其技术效率 TE，而 TE＝OB/OA＝$1-AB/OA$，可以看出 TE 值在 0 和 1 之间，B点和C点均是 TE 值为 1 的情况。

其次，从A点到B点，技术效率提高，但是B点不在等成本曲线PP'上，如果生产从B点再转向C点，则节约了生产成本DB，提高了配置效率，因此A点的配置效率为 AE＝OD/OB。

最后，A点的综合效率（EE）是相对C点而言的，可以表示为

EE＝OD/OA＝（OB/OA）×（OD/OB）＝TE×AE

当生产规模报酬可变时，技术效率又可以分解为纯技术效率（PTE）和规模效率（SE）。规模效率测算的是规模报酬不变生产前沿与规模报酬变化生产前沿之间的距离。纯技术效率是指企业无须规模报酬的假设能够显示出来的技术效率，达到纯技术有效的企业不一定充分利用了规模报酬技术，故还存在着提高效率的可能。

用单投入—单产出的例子说明纯技术效率的计算。图 2-2 中，CRS 是规模报酬不变的生产前沿，VRS 是规模报酬可变的生产前沿。

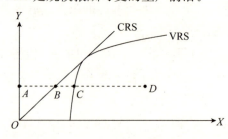

图 2-2　技术效率、纯技术效率和规模效率

假设企业在 D 点进行生产，其技术效率 TE＝AB/AD（技术低效为 BD），纯技术效率 PTE＝AC/AD（纯技术低效为 CD），规模效率 SE＝AB/AC；因此，TE＝SE×PTE，SE＝TE/PTE。

企业的综合效率为 EE＝AE×TE＝AE×PTE×SE，即一个企业的综合效率由该企业的配置效率、纯技术效率和规模效率决定。

三、对效率理论的简单评价

西方效率理论经过三个多世纪的发展，比较成熟，边际学派的效率理论有效地解决了古典经济学派中如何配置资源的问题，福利学派的效率理论将社会福利纳入研究范围，兼顾了效率和公平问题。但是效率理论缺乏对金融部门效率的研究，对银行效率的研究也存在较大争议。总体来说，上述研究存在以下不足之处。

一是缺乏对金融部门效率的研究。正如金融功能理论所言，无论银行还是市场，均为整体经济和社会提供服务支持，因此应从提供服务质量考察金融部门效率。事实上，在提供服务的同时，金融业也占据了大量的资本和劳动力，成为独立的经济部门，因此有必要从部门效率角度考察金融效率。但是目前没有研究明确提出金融部门效率的概念，更没有形成较为清晰的研究框架。

二是银行效率研究缺乏规范的投入产出界定。选择不同的投入产出指标，会出现不同的结果，因此如何合理界定投入产出是研究金融效率和银行效率的关键。

三是银行效率的跨国比较研究相对匮乏。由于统计口径的差异，再加上资产规模差异较大的银行机构没有可比性，很少有学者进行跨国比较研究。随着经济金融全球化的发展，大型银行通过设立分行、跨国合并等方式进入其他国家，对本土银行业形成了一定冲击，因此未来有必要加强银行业的跨国比较研究，从而更好地了解本国银行的不足，为其提高效率提供对策建议。

第二篇
美国金融发展过度问题分析

第三章 美国金融体系发展历程

系统研究美国是否存在金融发展过度问题之前，我们首先回顾一下美国金融体系的发展历程。根据不同时期金融机构和金融市场的发展情况，是否存在中央银行、监管体制变化以及投资者构成等方面的不同，将美国金融体系发展历程分为四个阶段，第一个阶段是美国金融体系萌芽阶段，时间是美国内战前；第二个阶段是美国金融体系初创阶段，时间从 1861 年美国内战至 1914 年联邦储备体系形成；第三个阶段是美国金融体系改革和完善阶段，时间从 1914 年到 20 世纪 70 年代末；第四个阶段是美国金融体系快速膨胀阶段，时间是 20 世纪 80 年代至今。

第一节 美国金融体系萌芽阶段

内战前，美国已经出现金融体系的萌芽，主要表现为在汉密尔顿的金融革命的推动下，州银行开始建立，少量证券进入流通，保险业也有了初步的发展。

一、独立前美国金融体系发展情况

早在殖民地时期，美国已经有了一定程度的金融发展，主要表现在：一是西班牙、葡萄牙、英国的铸币已经在美国国内流通，同时流通的还有传统通货"wapum"以及"乡村货币"；二是金融机构成立并运营，1733 年殖民地就成立了一家类似于典当行的土地银行进入经营；三是债券进入拍卖市场，有学者认为这是美国最早的证券交易（Richard J. Teweles & Edward S. Bradley，1998）。

1775 年美国独立战争爆发后，政府需要发行"大陆券"解决战争融资问题，但是其发行和流通都遇到了很多问题，未能带动债券市场的发展。发行前，众多学者就借贷和货币发行两个融资渠道进行了激烈的讨论（Thomas Paine，Alexander Hamilton，Benjamin Franklin），最终临时政府决定发行"大陆券"为战争融资。但是，战争的不确定性以及各州政府的投机行为，使得大陆券迅速贬值。到 1783 年，有 11 个州共发行了 24 636 万美元的纸币，大陆币与正币的比值从1:1贬值到100:1,严重限制了其流通和进一步发行。

二、独立后汉密尔顿的金融革命

独立战争胜利后,美国政府基本破产。为挽救新政府,彻底摆脱英国市场的控制,实现经济繁荣发展,财政大臣汉密尔顿力排众议,推动了美国金融革命。

汉密尔顿金融革命第一大举措是重建国家信用,推动联邦政府承担独立战争时的债务。在如何承担债务上,汉密尔顿通过著名的"旋转门计划",完成了新货币和新国债对旧货币和旧债券的替换,从而守住了国家信用。具体来说,美国政府发行新纸币,换回战争时期的旧纸币,然后发行新国债,新国债必须由新纸币认购,这样新纸币重新回到联邦政府手中,然后政府再用新纸币购买旧国债,这样政府通过发行新货币和新国债的方式,将等级差的旧国债和旧货币收回。此外,建立偿债基金,政府盈余时可以在市场中以平价或者低于平价购买公共债务。

汉密尔顿金融革命的第二大举措是,推动政府通过《铸币法案》,建立了金银复本位的铸币体系。但是由于国际市场白银价格大幅下跌,美国早期的银币大量外流,铸币短缺现象并未改善。

汉密尔顿金融革命的第三大举措是,尝试成立中央银行,并对金融体系进行监管。汉密尔顿在《Report on National Bank》报告中,强调了中央银行对金融管理的重要性以及对支持公共信贷相关操作的作用,但是该举措在政府内部受到了来自麦迪逊、杰斐逊为首的反对派的坚决抵制,引发了"合宪与违宪"之争。在汉密尔顿的努力下,合众国第一银行和合众国第二银行分别于1791年和1816年批准成立,特许权限均为20年,是以英格兰银行为蓝本,私人经营管理为主的公司结合银行。随后,美国有了高信用且可靠的货币供给,商业银行数量不断增加,经济也逐渐繁荣发展。

三、美国金融体系的初步发展

汉密尔顿金融革命推动州银行的迅速发展。合众国第一银行和合众国第二银行在持有"特许权限"期间的成功经营,极大促进了州银行的建立和发展;而两个合众银行"特许权限"到期后倒闭,使得美国中央银行发展中断,银行监管主要依靠各州政府的力量,因此这个时期银行体系处于州监管下的自由竞争阶段。

实际上,各州对银行的监管十分宽松,因而州银行的业务范围很广泛,包括银行信贷、抵押贷款、股票和债券的承销、经纪等业务以及货币发行。各州为了保护本州银行的利益,立法限制其他州银行在本州设立分支,在这种背景下,美国单一银行制度形成，众多小规模的州银行纷纷成立。1800 年，美国仅有 28 家州银行，1801—1811 年，州银行数量从 33 家增加到 88 家，到 1862 年已发展到 1 492 家。但是该阶段的小银行风险管理能力较差，又毫无节制地发行纸币，使得货币贬值、银行破产事件频发，给美国经济带来了巨大隐患。

同时，美国证券市场也取得了一定的发展。汉密尔顿的债务转期计划通过后，联邦政府在很短的时间内就发行了巨额的公共债券，合众国第一银行也发行了高额的优质股票，这些公共债券和优质股票在主要城市有定期的报价和交易，成为全国资本市场的核心，从而启动了美国证券市场的发展进程。1838—1854 年，美国未偿付证券余额的市场价值从约 1.75 亿美元增加到 17.5 亿美元，其中州债券余额在 1842 年总计超过 2 亿美元。值得一提的是，随着证券交易的活跃，交易者和经纪人开始分化，有组织的证券交易所形成。1792 年，在华尔街的一棵梧桐树下签订的《梧桐树协议》，成为纽约证券交易所的基础，确立了纽约证券交易所固定佣金体系，并一直持续到 1975 年。

此外，保险业也有了初步的发展。首先，保险品种涵盖海运保险、火灾保险和人寿保险，人寿保险在 1818 年后发展较快，仅 1818—1842 年就有 23 家人寿保险公司成立。其次，保险公司业务范围还拓展至其他领域，比如，1802 年获得牌照的肯塔基保险公司，被批准发行可转让票据，可以经营部分银行业务；1823 年萨诸塞友好人寿保险公司变更牌照，开始接受钱币与地产信托业务，并通过发放分离凭证筹集资金，然后进行投资并将利润分发给投资者，这被看作第一个混合型信托基金。

总之，在这个阶段，美国中央银行的职能很不完善并最终倒闭清算，金融市场整体规模也较小；但是汉密尔顿对建立中央银行的尝试，以及银行、证券和保险业的初步发展都充分显示，美国已经出现了金融体系的萌芽。

第二节　美国金融体系初创阶段

在该阶段，美国政府开始对货币发行和银行进行管制，确立了双线监管和二元银行体系；此外，证券市场逐步发展，金融机构也逐步多样化；到 1914 年，美国联邦储备体系成立，标志着美国金融体系正式形成。

一、确立了双线监管体系

美国内战爆发后，全国通货的缺乏限制了政府财政计划的实施。财政部长提出创立全国性通货"绿背纸",这是美国政府首次发行的国家信用货币。但是此时州银行也有发行货币的权力,阻碍了"绿背纸"的流通。对此,1863 年国会通过《国民银行法》,规定只有联邦注册的银行才有货币发行权,从而首次统一了国家货币,为货币的稳定流通奠定了基础。

此外,该法案还界定了银行业的概念和业务范围,规定了最低资本额、法定准备金和贷款条件等限制,限制银行向以股票投资为目的的单一借款人的放贷额度,还禁止银行从事房地产贷款等。随后颁布的《全国通货法案》要求银行准备金由国民银行保管,并设立了中央储备城市和 18 个储备城市。《国民银行法》补充规定了国民银行的监管要求,并成立货币监理署执行监管。

但是《国民银行法案》不适用于州银行,货币监理署也没有管制州银行的权力,州银行继续由州当局监管,形成了美国独特的双线监管体制,即由联邦银行法管理国民银行,由州银行法规管理州银行。因此,《国民银行法案》没有能够建立拥有集中监管权的中央银行,仅构建了金融监管的基本框架。

二、形成了二元银行体系

《国民银行法》颁布后,很快有近 500 家国民银行成立,也有若干家大型州银行转变为国民银行,截至 1882 年,国民银行数量上升至 2 239 家,而州银行数量缩减至 704 家。20 世纪初,州银行通过拓展业务再度发展起来,到 1914 年,国民银行数量为 7 525 家,州银行数量为 14 512 家。规模上,国民银行平均是州银行的三倍。美国基本形成了国民银行与州银行并存的"二元银行体系"。

该时期美国银行业一个突出的特点是银行集中度开始增加。美国内战后,随着工业集中度增加,银行与工业资本紧密联系并彼此渗透,形成了以银行为中心的财团。对此,1912 年众议院银行和通货委员会开始调查美国是否存在货币托拉斯,他们发现一个"核心集团"在控制着美国的金融和工业,其中"三巨头"是 J. P. 摩根、第一国民银行的乔治·贝克以及花旗银行的詹姆斯·斯蒂尔曼。尽管委员会最后断定金融业没有存在垄断,但是该调查确实证明美国的财富和信贷已经日益控制在少数人手里。

三、证券市场迅速发展

这一时期,美国证券市场进入一个快速发展阶段,日益成为企业获得融资、银行平衡风险与收益、投资者运用其储蓄等金融活动的中心。

首先,证券品种日益丰富,结构不断变化。主要表现在:一是政府债券的相

对比重下降，内战后政府加强债务管理，政府债务占 GDP 的比值从 28％下降至
3％左右；二是 20 世纪末铁路证券的重要性大幅上升，战后工业的腾飞带动铁路
建设热情高涨，铁路债券发行量也几度高涨，到 1900 年，铁路证券在市场中占
比高达 39％（见表 3-1）；三是 20 世纪后，生产行业证券成为市场主导，包括钢
铁公司、采矿公司在内的诸多公司由于传统的高风险与高收益组合及其在各自行
业的强势地位对投资者具有吸引力，在证券市场中的份额占比逐步上升，到
1912 年已经占据美国证券市场一半以上的份额（见表 3-1）。

表 3-1 美国证券市场各行业份额情况

年份	1860	1900	1912
铁路（％）	15	39	26
公用事业（％）	13	7	7
银行、保险（％）	39	20	15
制造、矿山（％）	33	34	52
股票总计（亿美元）	7	112	320
债券总计（亿美元）	5	71	181

数据来源：转引自 R. W. Goldsmith（ed），Institutional investors and corporate stock，
NBER，1973。

其次，证券交易市场不断扩张。到 1910 年，美国证券市场已经形成了以六
大交易所和市场为主导的格局，它们分别是纽约证券交易所、纽约联合股票交易
所、纽约道边交易市场、波士顿证券交易所、费城证券交易所和芝加哥证券交易
所。以纽约证券交易所为例，分析美国证券交易市场的扩张情况，从表 3-2 可以
看出，1870—1910 年，纽约证券交易所非铁路上市公司数目从 13 家增加到 48
家，增长了 2 倍多，发行股票的数目也从 16 只增加到 128 只，发展极为迅猛。
铁路股票在 1870—1890 年，一度占据上市股票总价值的 75％左右，但是随着证
券交易市场交易品种的增加，铁路股票的份额逐步下降。

最后，证券市场进行了初步管制。直到 20 世纪初，证券发行的信息高度不
透明，对此诸多州、委员会进行了努力，提出的意见包括损失赔偿、公开财务报
告、提高保证金比例、证券信息公开、发行人信息公开等，尽管很多意见都没有
被采纳，但是可以看出监管部门的努力和尝试。

表 3-2 1870—1910 年纽约证券交易所上市股票交易情况

年份	铁路股票			非铁路股票	
	公司数目（家）	发行股票数目（只）	占上市股票总价值的百分比（%）	公司数目（家）	发行股票数目（只）
1870	30	45	75	13	16
1880	63	81	72	30	31
1890	91	129	75	38	44
1900	80	133	58	65	96
1910	67	105	45	48	128

数据来源：转引自 R. W. Goldsmith（ed），Institutional investors and corporate stock，NBER，1973。

四、金融机构逐步多样化

首先，保险公司逐渐成为金融业不可或缺的力量，主要表现在保险公司资产总量增加迅速，尤其是人寿保险公司。1860—1890 年，人寿保险公司所持有的资产从 2 400 万美元增长至 8 亿美元，保险业务也拓展至房地产公司、工业企业等领域。此外，保险公司还广泛参与证券市场，为铁路和工业发展提供了大量资金。1871 年，美国还创立了全国保险专员协会，以协调对保险公司的管制，并成立了保险公司的财务报告系统。

其次，信托公司发展迅速。各州对信托的法律规定非常宽松，信托公司可以用其管理的资产进行投资，接受存款和发放商业贷款，还可以充当股票发行的承销商，参与公司发行和创造性融资。1900—1914 年，信托公司从 290 家增加到 1 563 家，股本金由 1.27 亿美元增加到 4.64 亿美元，存款额从 10 亿美元增加至 39.4 亿美元，其规模基本和州银行不相上下。

最后，投资银行开始崛起。内战后证券市场的发展，投资银行的功劳很大。这类银行不发行银行券，不需要牌照，不受银行业规章限制，自由度很大。在这些投资银行中，最为突出就是 J. P. 摩根银行，其承销商的角色为其带来了巨大的声望和权力，形成了庞大的摩根财团，组织了众多产业托拉斯。

五、联邦储备体系诞生

国民银行制度实行初期，各项制度不健全，也缺乏相关配套措施，致使金融危机频发。人们逐渐认识到自由竞争的金融市场存在天然缺陷，再加上 1907 年银行危机中 J. P. 摩根的英勇举动也使得公众深感不安。危机的惨痛教训以及摆脱个人权力过大的呼声，最终促成了美国现代中央银行的成立。

1913 年，美国通过了《联邦储备法案》，次年美国联邦储备体系正式成立。联邦储备体系由联邦储备委员会、联邦咨询委员会、12 个联邦储备银行和 25 家分支机构构成，执行货币发行、制定货币政策、构建支付平台、监管银行等职能，是美国历史上第一个真正意义上的中央银行。

法案重点解决以下五个问题：一是规定了联邦储备银行可以持有政府存款；二是解决了脆弱时期流动性问题，规定银行在恐慌时期可以合格担保物为抵押从联邦储备银行获得现金；三是创立了一种"有弹性的通货"，取消国民银行发行货币的权力，由联邦储备银行以商业票据和存款为担保发行联邦储备券，联邦储备券的 40% 要由黄金支持；四是引入了公开市场操作的概念，联邦储备银行可以买入卖出政府债券和合格私人债券以影响货币发行；五是各联邦银行成为清算所与支票的代理。

为了不重蹈两个合众国银行失败的覆辙，美国联邦储备制度借鉴政治体制中中央和地方相互制衡的结构模式，在联邦政府和州银行的集权和分权之间实现了平衡，弥补了美国二元银行体系的缺陷，为美国现代金融体系的建立奠定了坚实的基础。

自此，美国金融体系初步形成，拥有了真正意义上的中央银行，形成了双线监管和二元银行体系，金融市场快速发展，金融机构也日益多样化。

第三节 美国金融体系改革和成熟阶段

联邦储备体系成立后，美国又在"一战"中攫取了巨额财富，带动金融市场快速发展的同时，也造成了经济的虚假繁荣，使得经济最终陷入大萧条。对此，美国政府对金融业进行了大刀阔斧的改革，在加强监管的同时也使得金融体系更加完善和成熟。

一、"一战"后的虚假繁荣

美国在"一战"期间攫取了巨额的战争利润，再加上战后宽松的货币政策，使得经济形势一片大好，银行业进入全能商业银行时代，证券市场空前繁荣。

经济日趋繁荣使得各州放松了对州银行的监管，1927 年的《麦克法登法案》

支持国民银行参与信托、房地产投资、参股保管公司等业务，并放松其建立分支机构的限制，因此这个时期的美国商业银行在业务范围、利率、充足率等方面都没有限制，其经营业务品种和范围也逐步扩大，诸多商业银行通过成立附属机构的方式成为全能银行，并逐步涉足投资银行业务。此外，这个时期也是美国商业银行大规模并购时期。1914 年，纽约五大银行①仅持有美国银行体系全部资产金的 4％，到 1930 年已经上升至 11.4％。大通银行和花旗银行的股本金和总资产负债超过英国五大银行，成为当时世界上最大的银行。

此外，除了储贷协会、互助储蓄银行、保险公司外，许多新型金融机构也开始发展。如表 3-3 所示，1900—1929 年，养老基金、投资公司和金融公司在美国金融中介中的资产份额从 0 分别上升至 1.5％、5.6％和 1.9％，在参与市场竞争的同时，也促进市场规模不断扩大。

表 3-3　美国金融中介的资产份额变化

单位：％

年份	1900	1929
商业银行	62.9	50.4
储蓄贷款协会	3.1	5.6
互助储蓄银行	15.1	7.5
人寿保险公司	10.7	13.3
其他保险公司	3.1	4.2
经纪人	3.8	7.6
养老基金	0	1.5
投资公司	0	5.6
金融公司	0	1.9
其他	1.3	2.4

数据来源：美联储，http：//www.federalreserve.gov/releases/z1/20060309/。

证券市场在良好的经济形势、极低的银行利率以及充足的资金推动下，呈现一派繁荣，投资群体不断扩大，证券买卖正式成为一项大众型活动。首先，交易

---

① 1914 年，纽约五大银行为：大通银行、花旗银行、担保信托公司、银行家信托公司和纽约第一国民银行，1930 年，欧文信托公司取代纽约第一国民银行成为五大银行之一。

所交易股票数量和规模不断上涨，1920—1926 年，纽约证券交易所上市股票的数量从 691 只增加到 1 000 多只。交易规模在 1926 年达到 4.5 亿股，1929 年更是超过 10 亿股。其次，场外市场也快速发展，有超过 5 万只非交易所上市证券通过经纪商在有组织的场外交易所交易，若干组织包括非上市证券交易商协会与银行股票交易商协会协调 OTC 活动。再次，在"永久繁荣论"的鼓吹下，投资者逐渐失去理智，股指一路飙升，道·琼斯工业指数 1921 年在低位仅有 63.90 点，在 1927 年 10 月突破 200 点，到 1929 年 9 月达到 386.1 点。最后，美国证券市场逐渐成为全球金融市场的中心，极低的利率以及较高的收益率吸引了世界各地的投资者。

二、大萧条后的金融业改革

面对疯狂的股市，联储委员会和储备银行在 1928 年就采取了诸多措施，但是未能抑制投机风潮。1929 年 10 月末的"黑色星期四"和"黑色星期二"注定成为纽约证券交易所难以抹去的回忆，股票不断抛售，道·琼斯指数一路下跌，众多投资者几近破产。股灾爆发后的 3 个月时间里，股市总市值暴跌 40%，紧接着大量银行破产倒闭，工业大幅萎缩，社会失业率激增，信用体系和经济秩序濒于崩溃，美国进入旷日持久的大萧条时期。

大萧条给美国经济带来了灾难性的后果，美国政府和民众也深刻认识到了自由市场机制的缺陷，调整和改革势在必行。美国政府推出 1933 年《格拉斯—斯蒂格尔法》、1934 年证券交易法和投资公司法等一系列法案，对美国银行业和证券业进行了大刀阔斧的改革，不仅确立了金融分业经营的法律制度基础，还形成了美国以市场为主导的金融市场结构。

1. 银行业改革

银行业方面的改革主要包括 1933 年《银行法》和 1935 年《银行法》两个法案。

1933 年《银行法》又称《格拉斯-斯蒂格尔法》，其主要内容：一是确立了商业银行与投资银行分业经营制度，形成了商业银行和投资银行的防火墙；二是实施利率管制，即禁止商业银行对活期存款支付利息，并通过"Q 条例"对储蓄存款和定期存款的利率最高限额进行管理；三是建立存款保险制度，成立美国联邦存款保险公司作为独立的金融监管机构，联邦储备体系的会员银行必须缴纳存款保险。该银行法强化了联邦政府对银行的集中管理，恢复公众对银行的信心，推动了美国金融体系的稳健发展。该法案主导美国金融体系近 70 年，确立了美国金融分业监管模式，该模式被各国监管部门广泛借鉴。

1935年《银行法》主要对联邦储备体系进行了改革，将任命权、银行监管权、准备金率、存款利率等权利授予美联储，扩大了联邦储备委员会的权力，增加了其执行货币政策的独立性和客观性，扩大了其集中管理货币信贷的权力。

总之，两部银行法的颁布加强了联邦政府对银行业的集中监管力度，并确立货币、银行和信贷为监管重点。

2. 证券市场改革

证券市场方面的改革主要有1933年《证券法》和1934年《证券法》两个方案。

1933年《证券法》是美国第一部较为系统的证券法案，集中对证券发行制度做了如下规定：一是执行严格的信息披露制度，新证券发行在联邦政府登记后，要通过注册说明书、招股说明书的形式披露发行公司财务情况，之后由独立会计师进行审计等；二是规定了反欺诈条款，发行中如果存在欺诈行为，证券监管委员会（SEC）有权中止或延期其上市，投资者也可以向司法部门提起诉讼；三是严格责任管理，如有故意违反法律现象，将被判处巨额罚款或追究刑事责任。

作为1933年《证券法》的补充，1934年《证券法》主要对证券交易市场的信息披露等方面进行规定：一是加强了美国证券监管委员会的权力，授予其对场外交易市场和交易经纪人的管制权；二是杜绝证券市场的操纵和投机行为，坚决杜绝如合营、股票掺水销售、对投资者误导等人为操纵行为，禁止公司内部人员通过交易该公司股票以获取利润的行为；三是授权美联储规定证券交易的保证金比例，还规定银行向证券交易提供贷款的最高额度，全面限制投机行为。

两部《证券法》分别对一级市场和二级市场进行了管制，构成了美国证券管理制度的核心。法案实施后，有效增强了投资者信心，促进了证券市场的稳步发展，使美国形成了以市场为主导的金融体系。

三、管制下金融体系的发展

改革后，美国金融体系的发展呈现以下特点，一是商业银行不断创新发展，二是证券市场逐渐成为主导，三是机构投资者快速发展。

1. 商业银行逐步创新发展

在20世纪30年代银行业改革前，很多新型金融机构已经逐步侵蚀了商业银行的市场份额，银行业的改革进一步限制了商业银行的发展。对此，商业银行不断创新发展，主要表现如下。

一是银行控股公司开始扩张。实际上，银行控股公司是规避设立分行管制的结果。截至 1976 年，约 1 700 个银行控股公司控制了大约 4 700 家商业银行，掌握了全部银行 26% 的资本金、50% 的分支机构和 66% 的存款。

二是商业银行通过金融创新和负债管理开启资金来源。大额可转让存单（CDs）、可转让支付命令（NOW）和货币市场共同基金是这个阶段商业银行比较重要的金融创新，在规避 Q 条例对存款利率限制的基础上，还为商业银行进行负债管理提供了工具。

三是商业银行资产构成发生较大变化，表现在证券投资占比从 57.7% 下降至 25.8%，贷款占比从 16.5% 上升至 53.3%（见表 3-4）。此外，商业银行在金融中介甚至金融部门中的份额也逐步减少，比如在金融中介的份额从 52.1% 下降至 38.3%，在金融部门的资产比重也从 49.1% 下降至 35.7%，主要是因为一些新兴金融机构快速发展，侵蚀了商业银行的份额。

表 3-4　1945—1970 年美国商业银行的资产构成

年份	1945	1950	1960	1970
金融资产总额（10^9 美元）	156.1	164.8	256.3	570.2
现金与准现金占比（%）	22	24.2	20.7	17
证券投资占比（%）	57.7	44.4	32.4	25.8
贷款占比（%）	16.5	31.4	46.9	53.3
金融中介份额（%）	52.1	46.1	37.1	38.3
金融资产/金融部门金融资产（%）	49.1	42.2	36	35.7

数据来源：美联储，http://www.federalreserve.gov/releases/z1/20060309/。

四是商业银行贷款结构发生变化，主要表现为家庭信贷比重逐步增加。"二战"后家庭贷款仅占总贷款的 9.2%，到 1970 年已经上升至 22.1%（见表3-5）；房地产抵押贷款和工商业贷款占比相对稳定。

表 3-5　1935—1970 年美国商业银行贷款结构

年份	1935	1945	1950	1960	1970
贷款总额（10^9 美元）	14.7	25.8	52.5	119.9	298.2
房地产抵押贷款占比（%）	22.6	18.1	25.8	23.9	24.5
工商业贷款占比（%）	—	36.7	41.6	36	37.7
家庭贷款占比（%）	—	9.2	19.2	22	22.1

数据来源：FDIC，http://www2.fdic.gov/hsob/SelectRpt.asp?EntryTyp=10&Header=1。

五是银行跨国业务快速发展。随着美国制造业公司的海外扩张，美国银行跨国业务也快速发展。20世纪70年代末，美国大约15 000家银行中150家有海外分行并积极从事国际放贷业务，以花旗银行为首的12家银行成为美国跨国银行的核心。

2. 证券市场成为金融体系主导

经过20世纪30年代的改革，美国经济逐渐稳步发展，企业投资需求不断上升，资本市场得以恢复，投资者热情也逐步高涨，推动证券交易日益活跃。

首先，证券发行量稳步增加，以国债发行量为例，20世纪50年代美国国债发行量仅为189亿美元，到20世纪70年代已经上升至4 405亿美元（见表3-6）。

表3-6　"二战"后美国证券净发行量（1946—1980）

单位：10^9 美元

年份	1946—1950	1951—1960	1961—1970	1971—1980
国债	−35.1	18.9	56	440.5
市政债券	8.5	50.4	74.6	253.2
GSE证券	1.1	6.5	43	225.9
公司债券	13.9	50.8	112.5	303.3
公司股票	6.8	22.6	19.6	84.3

数据来源：美联储，http://www.federalreserve.gov/releases/z1/20060309/。

其次，证券交易所交易也逐步回暖，以卖出总股数为例，1945年美国股票交易所总交易量仅为7.69亿股，1970年上升至48.35亿股，上升了近6倍（见表3-7）。其中纽约证券交易所交易量最大，一直占美国所有交易所交易总量的70%左右，成为美国众多证券交易的主导。

表3-7　1945—1970年美国各股票交易所的交易量（卖出总股数）

年份	1945	1950	1960	1970
总量（亿股）	7.69	8.93	14.41	48.35
纽约证交所（%）	65.87	76.32	68.47	71.28
美国证交所（%）	21.31	13.54	22.27	19.03
芝加哥证交所（%）	1.77	2.16	2.2	3.16

续表

年份	1945	1950	1960	1970
太平洋证交所（％）	2.98	3.11	3.11	3.68
费城证交所（％）	1.06	0.97	0.88	1.63
波士顿证交所（％）	0.66	0.65	0.38	0.51
辛辛那提证交所（％）	0.05	0.09	0.04	0.02
其他证交所（％）	6.3	3.16	2.65	0.69

数据来源：SEC，http://www.sec.gov/index.htm。

值得一提的是，1971 年，NASDAQ 的建立对证券市场构成了实际威胁，促使纽约证券交易所做出变革，于 1975 年废除固定佣金制，实施灵活的竞争佣金制；此外，还引入功能更加强大的报价器，这些改革有效地促进了美国证券市场的竞争和发展。

3. 机构投资者快速发展

这个时期，机构投资者的重要性不断提高，个人投资者地位逐步下降。这些机构投资者中共同基金、养老基金、保险公司表现尤为突出，此外还包括封闭式基金、普通信托公司以及银行管理的个人信托公司。

1945 年，三大机构投资者（共同基金、养老基金和保险公司）的股票持有仅占美国股票市值的 3.5％，到 1970 年已经达到 17.4％（见表 3-8）。

表 3-8　1945—1970 年美国个人投资者与机构投资者的股票持有情况

年份	1945	1950	1960	1970
股票市值（10^9 美元）	117.7	142.7	420.3	831.2
个人持有占比（％）	88.1	90.2	85.6	78.2
外国持有占比（％）	2.3	2	2.2	3.3
机构持有占比（％）	3.5	6.1	10.6	17.4
保险公司占比（％）	2.4	3.3	3	3.3
养老基金占比（％）	0.3	0.8	4.1	9.3
共同基金占比（％）	0.8	2	3.5	4.8

数据来源：美联储，http://www.federalreserve.gov/releases/z1/20060309/。

三大机构投资者中，保险公司在这个时期占比最高，其金融资产在整个金融资产中的占比维持在 15％左右（见图 3-1），在信贷市场的份额也一直维持较高的水平。

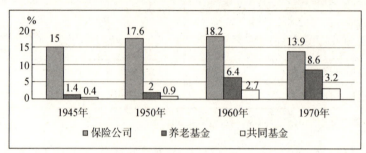

图 3-1　三大机构投资者持有金融资产占金融部门总金融资产比例
数据来源：美联储，http：//www.federalreserve.gov/releases/z1/20060309/。

投资者结构的变化对美国证券市场发展有重要意义，虽然机构投资者发展对于证券市场稳定性的效应至今没有一致明确的结论，但是机构投资者吸收越来越多的公众资金投资于证券市场肯定有助于市场规模的扩大。

第四节　美国金融体系快速膨胀阶段

进入 20 世纪 80 年代，美国金融体系进入快速膨胀阶段，主要表现为股票市场迅速扩张，金融衍生品交易迅速发展，资产证券化急剧扩张，美国金融总资产快速膨胀。

一、股票市场迅速扩张

一是股价长期高涨。20 世纪 90 年代，互联网科技进步带动一轮大牛市，道·琼斯指数并未受亚洲金融危机的影响，在 1999 年突破 110 000 点；NAS-DAQ 成分指数也于 1999 年超过 3 000 点。

二是金融部门和外国股票净发行量急剧增加，而非金融公司净发行量却大幅减少。从表 3-9 中可以看出金融部门 1981—1990 年的净发行量为 788 亿美元，2001—2007 年已经增加至 5 606 亿美元；外国在美国发行的股票数量增长更为惊人，1981—1990 年发行量为 273 亿美元，1991—2000 年迅速上升至 5 961 亿美元；整体考察 1981—2007 年的发行总量更为惊人，外国发行总量高达 14 731 亿美元，金融部门总发行量也达到 7 335 亿美元。与之相反，非金融公司的净发行量一直为负值。可见，美国股票市场已经不再是为非金融公司提供融资服务的场所，更多的是为外国投资者和金融部门提供资金，支持其参与市场交易。

表 3-9　1981—2007 年美国股票的净发行量

单位：10^9 美元

年份	1981—1990	1991—2000	2001—2007	1981—2007
净发行	−463.2	176.3	−805.6	−1 132.9
非金融公司发行	−569.3	−487.2	−2 101.8	−3 339.5
外国发行	27.3	596.1	735.6	1 473.1
金融部门发行	78.8	67.4	560.6	733.5

数据来源：Security Industry Association。

三是信息技术革命改变了证券交易的运营模式。随着 NASDAQ 的成立，纽约证券交易所虽然在全世界证券交易所中交易量最大，但是对美国市场的支配力逐步下降，在美国公开股票交易金额中的比例，从 1990 年的 65％逐渐下降至 2007 年的 27.4％。

二、金融衍生产品快速发展

金融衍生品市场的兴起和发展是这个时期美国金融业发展最突出的特点之一。从 1972 年芝加哥商品交易所开辟全球第一个金融期货市场开始，美国金融衍生品市场就迅快发展起来。

金融期货主要包括利率期货、外币期货和股指期货，1980—2000 年，利率期货发展尤为迅猛。1980 年交易所交易的利率期货合约数量仅为 1 250 万份，到 2000 年已经上升至 24 870 万份，增长了近 19 倍（见表 3-10），股指期货和外币期货的交易量也都有所提升。

表 3-10　1980—2000 年美国交易所交易的金融期货合约数量

单位：百万份

年份	1980	1985	1990	1995	2000
利率期货	12.5	55.1	123.4	223.6	248.7
外币期货	4.2	17.2	28.9	23.2	19.4
股指期货		22.2	14.8	20.7	62.8

数据来源：Security Industry Association。

金融期权交易在 20 世纪 70 年代末进入交易所交易，其后交易规模快速增长。进入 90 年代，美国衍生品交易所不断创新金融衍生产品，推出股指期权、外币期权、利率期权、期货期权等多种期权合约。各种期权合约在交易所交易数量不断上升，其中股票期权上升较为迅速，1980—2000 年交易数量增长了近 6 倍（见表 3-11），期货期权交易规模上升也十分迅速，从 2 000 万份上升至 10 310 万份，增长了 4 倍多。

表 3-11　1980—2000 年美国交易所交易的金融期权合约数量

单位：百万份

年份	1980	1985	1990	1995	2000
股票期权	96.7	118.6	111.4	174.4	665.3
股指期权	—	110	88.3	107.9	53.3
外币期权	—	3.9	10.1	5	0.5
利率期权	—	0.4	0.1	0.1	0
期货期权	—	20	64.1	94.2	103.1

数据来源：Security Industry Association。

在交易所金融衍生产品快速发展的同时，OTC 衍生品交易也在迅速兴起。美国总会计署 1994 年的一份报告指出，1992 年年底 OTC 市场衍生品余额至少有 12.1 万亿美元，金融衍生产品超过 1 200 种。商业银行、非银行金融机构、公司以及部分政府部门都纷纷参与到衍生品交易中来，进一步拓展了交易规模，据国际清算银行统计，截至 2007 年，美国 OTC 衍生品合约的日均交易额达到 6 070 亿美元，占全球市场的 24%。

三、资产证券化规模急剧扩张

信贷资产证券化是这个时期美国金融业另一个突出特征。作为一种新型的融资工具，信贷资产证券化起源于美国政府主办的住房金融机构对居民住房抵押贷款的证券化。发展到 1985 年，美国三大住房金融机构的抵押贷款支持证券发行量已经突破千亿美元，2000 年突破万亿美元。随着发行量的增加，住房金融机构的抵押贷款支持证券余额持续膨胀，房地美和房利美的资产证券化余额从 1990 年的 6 000 多亿美元增长至 2007 年的 35 000 多亿美元。

住房抵押贷款市场繁荣，带动私营抵押贷款证券化迅速发展。2007 年，包括 MBS 和 CMO 在内的私营抵押贷款支持证券余额高达 31 950 亿美元，占美国抵押贷款支持证券余额的 35%。银行和其他金融机构加入进来，将证券化技术用于各种各样适合于证券化的信贷资产，几乎任何资产和收入流都可以放进资金池创造出资产支持证券，包括汽车贷款、信用卡应收款、商用房抵押贷款等。

从市场规模看，资产支持证券的发展非常惊人，1983 年私人资产支持证券问世时，发行量仅 30 亿美元，第二年就增加到 78 亿美元，2006 年，高达 6 400 多亿美元。

资产证券化的深入发展，带动债券发行量持续扩大，美国债务凭证余额由 1981 年的 2 万多亿美元上升至 2007 年的近 26 万亿美元，债务余额占 GDP 的比重也从 67% 提高到 187%。

值得一提的是，1992 年后公司债券发行券构成中，金融机构发行的份额大幅上升，资产支持证券发行商（ABS issuers）的比重上升幅度也较大，占比从 1981 年的 0%一路增长至 2007 年的 33%（见图 3-2）。可以说，在没有联邦政府的干预下，ABS 发行商引领了商业贷款以及许多其他政府主办企业主导领域之外的产品证券化途径，在私人证券化市场占据很大比例，成为美国金融体系的重要组成部分。

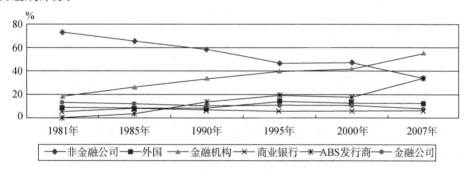

图 3-2　1981—2007 年美国公司债券发行者构成情况

数据来源：Security Industry Association。

四、金融资产规模快速增长

首先，美国金融资产总规模增长迅速。在股票市场和金融衍生品市场交易规模不断扩大的推动下，在资产证券化的大力促进下，美国金融资产规模急剧扩张。1981 年，美国总金融资产为 167 008 亿美元，到 2007 年飙升至 1 560 313 亿美元，增长了将近 9 倍（见表 3-12）。金融部门持有金融资产的规模上升也很迅速，1981 年金融部门持有金融资产为 70 217 亿美元，到 2007 年已经上升至 748

148 亿美元，增长幅度超过 9 倍。

表 3-12　1981—2007 年美国总金融资产以及主要机构投资者金融资产情况

单位：10^9 美元

年份	总金融资产	金融部门	货币市场共同基金	共同基金
1981	16 700.8	7 021.7	186.3	59.8
1983	20 053.8	9 780.9	179.5	112.1
1985	25 103.9	12 644.2	242.4	245.9
1987	30 405.6	19 907.5	313.8	4 880.2
1989	36 574.0	18 138.2	424.7	589.6
1991	41 063.9	19 644.9	535.0	769.5
1993	47 404.7	22 703.7	559.6	1 375.4
1995	55 738.6	26 562.3	741.3	1 852.8
1997	68 385.8	32 259.5	1 042.5	2 989.4
1999	87 678.1	40 332.6	1 574.9	4 538.5
2001	94 642.4	45 572.3	2 240.6	4 135.2
2003	105 871.8	52 337.6	2 004.4	4 652.9
2005	129 146.8	62 254.2	1 993.1	6 045.6
2007	156 031.3	74 814.8	3 033.0	7 822.0

数据来源：美联储，http://www.federalreserve.gov/releases/z1/20060309/。

　　其次，机构投资者快速增长。20 世纪 80 年代后，对机构投资者的管制放松、通信技术的进步、股票和债券市场的持续高涨，均推动了大量收入较低但有投资需求的投资者对基金等机构投资者的需求，机构投资者快速增长。在机构投资者中，共同基金增长最快。因为，共同基金向投资者提供令人目眩的多样化投资选择，以股票投资者的共同基金选择范围为例，可投资于广泛的指数链联接基金、聚焦于特定行业部门的基金、具有多种策略的期权基金等。这些多样化投资选择，使得共同基金数量和金融资产规模快速增长，数量从 1981 年的 500 个左右增加至 2007 年的 7 200 多个，金融资产规模从 1981 年的 598 亿美元上升至 2007 年的 78 220 亿美元，增长将近 130 倍（见表 3-12）。

　　总之，进入 20 世纪 80 年代，美国金融部门呈现快速膨胀趋势，金融市场不断扩张，金融衍生品不断推出，交易规模也快速增长，再加上资产证券化的推动，使得金融资产规模呈现一定的"过度"发展趋势。

第五节 小 结

从上文可以看出，美国内战前，汉密尔顿的金融革命基本主导了本阶段金融体系的发展，发行了以国家信用为支撑的信用货币，尝试建立了中央银行，形成以州银行为主的银行体系，证券市场和保险业都有了一定程度的发展；但是中央银行的运行并不成功，职能也很不完善，金融市场规模整体也较小，因此该阶段美国金融体系仅处于萌芽阶段。

内战结束后至 1914 年，美国形成双线监管结构和二元银行体系，证券市场结构更加丰富，证券交易不断扩大，金融机构逐渐多样化发展，投资银行、保险公司、信托公司纷纷成立。1913 年的《联邦储备法案》，成立了真正意义上的中央银行和联邦储备体系，为美国现代金融体系的建立奠定了坚实的基础。

在美国金融体系改革和成熟时期，美国经济经历了空前繁荣和大萧条，自由市场下的投机行为使得美国政府决心对金融业进行整改，相继颁布了多部法律法规，形成了以金融市场为主导、银行分业经营的金融体系。

20 世纪 80 年代后，美国金融体系快速膨胀，呈现了一定的"过度"发展趋势，主要表现在：一是股票市场迅速扩张，其中金融部门和外国股票发行量上升尤为显著。二是金融衍生品类型不断丰富，交易量也大幅上升，OTC 衍生品交易量增长尤为迅速，2007 年，美国 OTC 衍生品交易量占到全球的 1/4 左右。三是资产证券化规模空前高涨，几乎任何资产和收入流都可以放进资金池创造出资产支持证券；受资产证券化的推动，债券市场发行量也不断增加，其中金融部门的发行量上升最为明显，非金融机构发行比重却明显下降。四是金融资产规模高速增长，其中机构投资者，尤其是共同基金的发展速度尤为迅猛，其持有的金融资产在 1981—2007 年增长幅度高达近 130 倍，在金融部门中的比重在这个阶段增长了近 10 倍。

从美国金融体系发展历程可以看出，20 世纪 80 年代后，美国金融体系膨胀速度远高于前三个阶段；而且在股票净发行量和公司债券发行量中，金融部门增长速度最快，远超过非金融公司，使得金融市场更多地为金融部门提供融资，以便其扩大规模和参与交易，而不是为实体经济提供融资服务。

美国金融体系这种快速膨胀的趋势是否有利于经济增长呢？金融体系规模的扩张，是否为实体经济部门提供了更多的服务呢？也就是说美国金融体系是否存在过快、过度发展问题呢？接下来本书将从金融—增长和金融部门视角对这个问题进行实证研究。

第四章　从金融—增长角度看美国金融发展过度

作为 2008 年金融危机源头的美国，在 20 世纪 80 年代后，其银行规模、市场规模、金融资产都呈现快速膨胀趋势；这种高速的发展是继续促进经济增长还是引发了金融危机？随着相对规模的增加，金融部门的功能效率和社会效率是否相应提高了？为回答上述问题，有必要对美国是否存在金融发展过度问题进行研究，从而为金融部门的相关监管政策提供理论支持。本章和下一章将从金融—增长和金融部门两个角度对上述问题做出解答。

第一节　引　言

金融发展促进经济增长的结论受到很多因素和条件的制约。比如 Demetriades 和 Law（2006）指出金融发展在没有良好制度的国家，并不能促进经济增长，Rousseau 和 Wachtel（2002）的研究也发现，当经济处于双位数的通货膨胀时，金融发展也不再对经济增长产生促进作用。De Gregorio 和 Guidotti（1995）研究发现在 1960—1985 年，高收入国家金融发展对经济增长有促进作用，但是将时间范围缩小至 1970—1985 年，金融发展对经济增长产生负影响，因此作者指出发达国家可能已经发展至某个点，金融发展不再提高投资效率。2008 年全球金融危机爆发后，学者进一步指出金融系统的过度发展以及多功能化将直接或间接地浪费资源、减少储蓄、鼓励投资，最终导致投资效率低下和稀有资源错配；随之失业率上升，贫富差距扩大，经济增长停滞。因此经济学家和政策制定者需要考量经济可持续增长所需要的最优规模。

Arcand 等（2012）在一篇名为《金融发展过度了吗》的文章中，实证得出当金融发展超过一定阶段，将对经济增长产生负影响的结论。国际清算银行和国际货币基金组织的专家也指出：金融发展的规模在达到某一点之前是有益的，超过该值将拖累经济增长。这就意味着金融和经济增长的关系是非线性的，很有可能是倒 "U" 形曲线关系，即金融发展对经济增长的促进作用有一个拐点。

关于金融—增长非线性关系，金融发展理论中已有研究，Rioja 和 Valev（2004b）发现金融发展超过一定门槛值时，才对经济增长产生促进作用。在门槛值以下，影响是不确定的。他们将金融发展分为高、中、低三个水平，认为不同水平的金融发展在金融—增长关系中发挥着重要作用。在中等金融发展水平国家，金融体系对经济增长有一个较为明显的促进作用；在高等金融发展水平国家，促进作用不再那么明显；在低等金融发展水平国家，金融体系促进经济增长的作用并不明显。Shen 和 Lee（2006）也发现了金融发展和经济增长之间的非线性倒"U"形曲线关系，更高的金融发展水平有减缓经济增长的趋势。进一步，现有证据还显示金融—增长的关系随着不同收入水平而变化。De Gregorio 和 Guidotti（1995）、Huang 和 Lin（2009）发现金融发展对经济增长的促进作用在中低收入国家要明显强于高收入国家。

对于两者的非线性关系，学者们从不同角度做出了解释：第一，金融系统提供信贷方式的多样性。Hung（2009）指出金融发展便利投资贷款，因此促进经济增长，但是消费信贷并不具有生产性，有可能阻碍经济增长。他将消费信贷和投资信贷进行了区分，在标准信息不对称模型下进行了研究。Beck 等（2012）就企业信贷和家庭信贷在金融—增长关系中的不同作用进行了研究。他们发现金融发展的经济增长作用来源于企业信贷而不是家庭信贷。这些研究支持了金融体系通过缓解企业的融资约束从而促进经济增长的观点，然后解释了在高收入国家金融—增长关系的缺失。第二，金融发展已经使得经济达到了生产可能性边界。Aghion 等（2005）指出在所有国家，当金融发展超过一定水平后，经济增长率将趋向一致，因此在一些国家金融发展对经济增长有促进作用，但最终发展到某一值时，促进作用将消失。第三，相比实体经济增长，金融体系可能增长过大了，收取了高额的过量的信息租金，因而吸引了大量年轻才俊进入金融部门（Philippon，2010；Bolton 等，2011）。Cecchetti 和 Kharroubi（2012）发现当金融部门的就业比重超过 3.9% 时，金融部门的发展将对经济增长有害，此外，过快的金融部门增长将减缓整体经济的增长速度。作者进一步指出，因为金融部门与其他经济部门争夺稀有资源，金融的过度发展通常不促进经济增长。

总之，上述结论表明，金融发展和经济增长之间并不是简单的线性关系，很可能是一个倒"U"形的曲线关系，因此过大过快增长的金融部门对其他经济部门来说，成本是十分高昂的，也不利于经济增长。因此，为促进经济增长，政策制定者不能过于关注金融部门的规模增长，而是要提高其中介职能。

|第二节　传统金融发展指标对经济增长的影响|

一、指标选取和模型设定

从上述分析中我们可以看出，金融发展促进经济增长是有一定条件的，两者之间存在非线性的倒"U"形曲线关系，即超过某一"门槛值"时，金融发展将对经济增长产生负影响，也就是金融发展过度了。

为考察美国是否存在金融发展过度问题，我们借鉴 Arcand 等（2012）的研究，在模型中加入自变量的平方项，构建模型如下：

$$GROWHT = \alpha_0 + \beta_1 FINANCE + \gamma_1 FINANCE^2 + \varepsilon_1$$

上述模型中，α_0 为常数项，β_1、γ_1 为系数，ε_1 为残差项。

被解释变量 GROWTH 是经济增长，借鉴 Beck 和 Levine（2004）的研究，我们选取人均 GDP（GDP per capita，简写为 gdp _ pc）作为衡量经济增长的指标；此外，选取劳动力人均 GDP（GDP per worker，简写为 gdp _ pw）作为替代指标。GDP 数据以 2005 年为基期进行平减，所选数据来源于美国商务部经济分析局和美国劳工部网站，样本时长区间为 1961—2011 年。

解释变量 FINANCE 是金融发展指标，$FINANCE^2$ 是金融发展指标的平方项；借鉴 King 和 Levine（1993），Beck 和 Levine（2004），Levine（2005）的研究，我们选取以下变量作为衡量金融发展的指标。

1. 私人信贷占比 GDP（PRI）

该指标等于流向私人部门的信贷总量比名义 GDP。选用金融体系借给私人部门的信贷，是因为比起流向政府和政府所有企业的信贷，金融体系借给私人部门的信贷，更能发挥风险评估和公司控制等金融功能，进而更能有效促进经济增长。与 King 和 Levine（1993）不同，本书采用流向私人部门总的信贷量，不但包括存款银行的私人部门信贷，还包括其他金融机构的私人部门信贷。因为在 20 世纪 70 年代前，存款银行的私人部门信贷基本上等于私人部门总信贷量，但是后期，美国"影子银行系统"使得私人部门总信贷量要远远大于存款银行借给私人部门的信贷量，同时本书是为了考察美国整个金融体系和部门是否发展过度，因此采用私人部门信贷总量要比采用存款银行借给私人部门的信贷量更为全面。所选数据来源于国际货币基金组织（IMF）的金融发展数据库，样本时长区间为 1961—2011 年。

2. 证券市场换手率（TUR）

证券市场换手率是衡量证券市场流动性的一个指标，等于一国国内交易所交易的国内上市股票的市值除以国内上市股票的总价值。

3. 证券市场资本化率（CAP）

证券市场资本化率等于一国国内交易所交易的国内上市股票的市值除以当年的 GDP。

4. 证券市场交易价值（VAT）

同证券市场资本化率指标一样，证券市场交易价值也是衡量国内交易所流动性的指标；等于一国国内交易所交易的国内上市股票的成交总金额除以当年的 GDP。

同时选取 TUR、CAP、VAT 这三个指标，主要是因为每个单一指标都无法全面衡量证券市场的流动性、规模和波动性。比如，证券市场换手率是衡量国内证券交易量相对于金融市场规模的一个指标，较高的换手率通常意味着较低的交易成本，但是流动性较强的市场并不一定是较大的市场，而证券市场资本化率则可以弥补这个不足。所选数据来源于国际货币基金组织（IMF）的金融发展数据库，样本时长区间为 1989—2011 年。

5. 金融结构指标

考虑到一国金融结构也是影响其经济增长的重要因素，借鉴 Levine（2000）的研究，选取证券市场资本化率/银行部门私人信贷比率（CAPBANK）和证券市场交易价值/银行部门私人信贷比率（VATBANK）作为衡量金融结构的指标，所选数据来源于国际货币基金组织（IMF）的金融发展数据库，样本时长区间为 1989—2011 年。

二、变量散点图及单位根检验

为检验所选被解释变量和解释变量是否符合设定模型，我们先通过散点图进行直观考察。

图 4-1 分别报告了人均 GDP 和各传统金融发展指标之间的关系。从图（a）私人信贷占比 GDP 与人均 GDP 的散点图可以看出，随着私人信贷占比 GDP 的增加，人均 GDP 先增长，到顶部后有一个下滑趋势；从图（b）（c）（d）（e）（f）可以看出，随着解释变量的增长，人均 GDP 同样先增长，到达一个顶点后，开始逐渐下滑；呈现一个倒"U"形曲线。

图 4-2 报告了劳动力人均 GDP 和各个金融发展指标之间的关系，从散点图

可以看出，趋势基本和人均GDP情况下一致，但是趋势相对较弱。

由此可见，所选被解释变量和解释变量之间符合设定模型假定的倒"U"形关系，因此可以在设定模型下对两者关系进行实证研究。

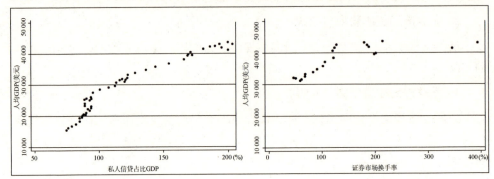

(a) 私人信贷占比GDP与人均GDP

(b) 证券市场换手率与人均GDP

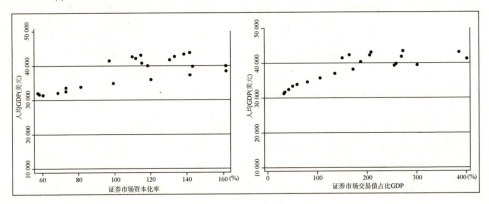

(c) 证券市场资本化率与均GDP

(d) 证券市场交易价值与人均GDP

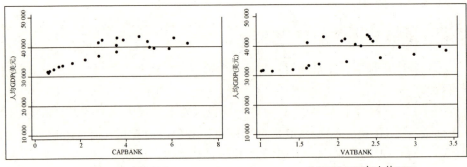

(e) CAPBNAK与人均GDP

(f) VATBANK与人均GDP

图4-1 各金融发展变量和人均GDP的散点图

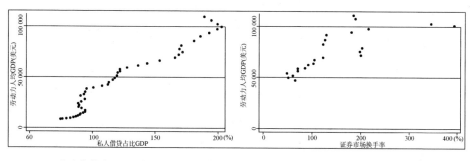

(a) 私人信贷占比GDP与劳动力人均GDP　　　(b) 证券市场换手率与劳动力人均GDP

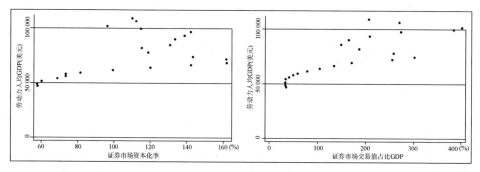

(c) 证券市场资本化率与劳动力人均GDP　　　(d) 证券市场交易价值与劳动力人均GDP

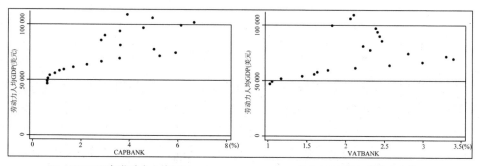

(e) CAPBANK与劳动力人均GDP　　　　(f) VATBANK与劳动力人均GDP

图 4-2　各金融发展变量和劳动力人均 GDP 的散点图

在实证检验前，我们对变量进行平稳性分析，因为经典的计量经济学模型，把回归方程中的变量建立在平稳序列的基础之上，如果变量是非平稳序列，容易出现伪回归现象。利用 Dickey-Fuller（DF）单位根检验上述变量的平稳性，得到如下结果（见表 4-1）：

表 4-1 各变量单位根检验结果

变量	DF 检验值	1% 临界值	5% 临界值	10% 临界值	P 值	是否平稳
gdp＿pc	−0.608	−3.579	−2.929	−2.600	0.869	否
Δgdp＿pc	−5.132	−3.580	−2.930	−2.600	0.000	是
Gdp＿pw	0.509	−3.562	−2.920	−2.595	0.999	否
Δgdp＿pw	−3.071	−3.563	−2.930	−2.595	0.034	是
PRI	0.771	−3.587	−2.933	−2.601	0.991	否
ΔPRI	−3.031	−3.594	−2.936	−2.602	0.032	是
TUR	−1.694	−3.75	−3.000	−2.63	0.434	否
ΔTUR	−3.966	−3.75	−3.000	−2.63	0.002	是
CAP	−1.073	−3.77	−3.004	−2.642	0.708	否
ΔCAP	−2.852	−3.788	−3.012	−2.646	0.068	是
VAT	−0.579	−3.857	−3.040	−2.661	0.853	否
ΔVAT	−4.753	−3.857	−3.040	−2.661	0.002	是
CAPBANK	−1.080	−3.809	−3.020	−2.650	0.7024	否
ΔCAPBANK	−3.702	−3.857	−3.040	−2.661	0.0137	是

单位根检验中，解释变量 VATBANK 一阶差分存在单位根，因此将其剔除。其余七个变量的原序列均存在单位根，属于非平稳序列；但是变量的差分序列都是平稳的，比如人均 GDP 差分的 ADF 统计量小于 1% 临界值，且 P 值为零，属于差分平稳；私人信贷占比 GDP 差分的 ADF 统计量小于 5% 的临界值，且 P 值为 0.032，小于 0.1，也属于差分平稳；证券市场换手率差分的 ADF 统计量均小于 1%、5%、10% 临界值，P 值为 0.002，也属于差分平稳；后面两个变量差分单位根检验数据不再赘述。

三、回归结果分析

剔除解释变量 VATBANK，其余变量均为差分平稳序列，可以做协整回归并分别考虑其协整关系。采用 EG 两步法首先对人均 GDP（gdp＿pc）进行回归，回归结果详见表 4-2。

在得到上述回归结果后，我们分别对回归残差进行 ADF 单位根检验，结果发现，第（1）和（5）列回归的残差单位根检验 P 值过大，上述回归结果可能存

在伪回归问题，不可用；而（2）（3）（4）（6）列回归的残差单位根检验 P 值很
小，表明这四个回归的结果不存在伪回归问题。

表 4-2   金融发展指标对人均 GDP 影响的回归结果

解释 变量	（1） lngdp_pc	（2） lngdp_pc	（3） lngdp_pc	（4） lngdp_pc	（5） lngdp_pc	（6） lngdp_pc
PRI	0.054 2	0.013 5***				
	(0.096 8)	(0.001 17)				
PRI2	−0.000 175	−0.000 030 8***				
	(0.000 570)	(0.000 003 91)				
TUR			0.003 49***			
			(0.000 450)			
TUR2			−0.000 006 18***			
			(0.000 001 07)			
CAP				0.013 6***		
				(0.002 84)		
CAP2				−0.000 051 1***		
				(0.000 013 2)		
VAT					0.002 40***	
					(0.000 269)	
VAT2					−0.000 003 98***	
					(0.000 000 671)	
CAPBANK						0.149***
						(0.018 6)
CAPBANK2						−0.014 9***
						(0.002 73)
_cons	6.560	9.189***	10.21***	9.710***	10.30***	10.27***
	(4.093)	(0.082 5)	(0.038 3)	(0.143)	(0.0219)	(0.025 8)
Threshold point	154.9	219.16	282.36	133.07	301.5	5
N	21	30	23	23	23	23
R-squared	0.751 4	0.985 8	0.835 0	0.761 3	0.894 3	0.883 8

Standard errors in parentheses.

*P<0.05，**P<0.01，***P<0.001.

考察 1961—2011 年间私人信贷占比 GDP 对经济增长的影响时，回归结果因
为残差不平稳，存在伪回归问题，因此分为 1961—1981 年和 1982—2011 年两个
时间段，分别考察私人信贷占比 GDP 对经济增长的影响，得到第一列和第二列

回归。

从第（2）列回归结果可以看出，私人信贷占比 GDP（PRI）对经济增长产生负影响的"门槛值"为 219.16%，即当私人信贷占比 GDP 超过 219.16% 时，就存在金融发展过度问题。但是从样本数据来看，在考察期间该解释变量并未超过相应的"门槛值"。

从第（3）列回归结果可以看出，证券市场换手率（TUR）对经济增长产生负影响的"门槛值"为 282.36%，即当证券市场换手率超过 282.36% 时，就存在金融发展过度问题。从样本数据来看，该解释变量仅在 2008 年金融危机爆发后超过了相应的"门槛值"，在 2000—2002 年比较接近但并未超过"门槛值"。

从第（4）列回归结果可以看出，证券市场资本化率（CAP）对经济增长产生负影响的"门槛值"为 133.07%，即当证券市场资本化率超过 133.07% 时，就存在金融发展过度问题。从样本数据来看，1998—2001 年、2005—2007 年，证券市场资本化率均超过了该"门槛值"，特别是在 1999 年和 2000 年，该变量一度超过 160%，严重阻碍了经济增长。

从第（6）列回归结果可以看出，证券市场资本化率/银行信贷占比 GDP（CAPBANK）对经济增长产生负影响的"门槛值"为 5，即当该金融结构指标超过 5 时，就存在金融发展过度问题。从样本数据来看，2000—2002 年以及危机爆发后的 2008—2010 年，该比值均超过了"门槛值"，可见美国金融体系过度偏向金融市场，在某些年份阻碍了经济增长。

我们用劳动力人均 GDP 替换人均 GDP，考察金融发展对经济增长的影响，得到回归结果详见表 4-3。

表 4-3　金融发展指标对劳动力人均 GDP 影响的回归结果

	(1) lngdp_pw	(2) lngdp_pw	(3) lngdp_pw	(4) lngdp_pw	(5) lngdp_pw	(6) lngdp_pw
PRI	−0.112	0.018 3***				
	(0.343)	(0.003 90)				
PRI2	0.000 978	−0.000 030 0*				
	(0.002 02)	(0.000 013 1)				
TUR			0.006 90***			
			(0.001 15)			
TUR2			−0.000 011 4***			
			(0.000 002 74)			
CAP				0.036 5***		

续表

	(1) lngdp _ pw	(2) lngdp _ pw	(3) lngdp _ pw	(4) lngdp _ pw	(5) lngdp _ pw	(6) lngdp _ pw
				(0.007 50)		
CAP2				−0.000 148***		
				(0.000 034 8)		
VAT					0.004 32***	
					(0.000 853)	
VAT2					−0.000 006 21**	
					(0.000 002 13)	
CAPBANK						0.276***
						(0.059 1)
CAPBANK2						−0.025 0**
						(0.008 69)
_ cons	11.94	9.051***	10.52***	9.128***	10.72***	10.67***
	(14.50)	(0.276)	(0.098 0)	(0.378)	(0.069 6)	(0.082 0)
Threshold point	57.26	305	302.6	123.3	347.8	5.52
N	21	30	23	23	23	23
R-squared	0.538 9	0.965 3	0.784 5	0.669 4	0.787 8	0.766 6

Standard errors in parentheses.

* $P < 0.05$, ** $P < 0.01$, *** $P < 0.001$.

对上述六列回归的残差进行 ADF 单位根检验，结果发现仅第（2）（6）列回归的残差不存在单位根，属于平稳序列，其余回归结果残差未通过单位根检验，因此回归结果可能存在伪回归。

从第（2）列回归结果可以看出，私人信贷占比 GDP（PRI）对经济增长产生负影响的"门槛值"为 305%；从第（6）列回归结果可以看出，证券市场资本化率/银行信贷占比（CAPBANK）对经济增长产生负影响的"门槛值"为 5.52。所得的"门槛值"均高于选取人均 GDP 作为被解释变量下的结果。

从上述实证结果可以看出，不管使用人均 GDP 还是劳动力人均 GDP 作为经济增长的衡量指标，美国金融发展与经济增长之间确实存在一个倒 U 形曲线关系，即超过一定"门槛值"，过度的金融发展对经济增长是不利的。

但是，我们使用美国时间序列数据得到的实证结果与国外跨国面板数据结果差距较大，比如本书私人信贷占比 GDP（PRI）对经济增长产生负影响的"门槛值"为 219.16%，跨国数据得到的"门槛值"为 90%～110%（Arcand 等，

2012；Cecchetti & Kharroubi，2012）；本书得到的证券市场换手率（TUR）对经济增长产生负影响的"门槛值"为 282.36%，而国外文献并未得到证券市场指标的"门槛值"。可见不同国家经济发展水平不同、金融结构不同，所需的金融发展规模也是不同的。

此外，对比回归结果的门槛值和原始数据可以发现，私人信贷占比 GDP（PRI）在 20 世纪 80 年代之后，并未超过相应的门槛值，但是证券市场指标，尤其是证券市场资本化率（CAP）在 1998—2001 年以及 2005—2007 年，均超过了回归的"门槛值"；金融结构指标（CAPBANK）在考察期的部分时间也超过"门槛值"，尤其在 2000—2002 年较为明显。由此可见美国金融市场过度发展现象更为严重，其以金融市场为主的金融结构也不利于经济增长。

第三节　金融发展过度指标对经济增长的影响

在得到美国存在金融发展过度问题的结论后，我们通过对比生产性部门和金融部门，构建金融发展过度指标，考察金融发展过度对经济增长的影响。

一、指标选取和模型设定

借鉴 Ductor 和 Grechyna（2011）的研究，我们构建如下回归模型。

$$GROWTH = \alpha_0 + \beta_1 TMF + \varepsilon_1$$

上述模型中，α_0 为常数项，β_1 为系数，ε_1 为残差项。

被解释变量 GROWTH 为经济增长，选取人均 GDP 增长率作为衡量经济增长的指标，同样选取劳动力人均 GDP 增长率作为替代指标，所选数据来源于美国商务部经济分析局和美国劳工部网站，样本时长区间为 1962—2011 年。

解释变量 TMF（too much finance）为金融发展过度，借鉴 Ductor 和 Grechyna（2011）及 Cecchetti 和 Kharroubi（2012）的研究，选取四个变量作为衡量金融发展过度的指标。

第一个是私人信贷占比 GDP 减生产性部门产出占比 GDP（用 TMF1 表示），私人信贷占比 GDP 数据来源于国际货币基金组织（IMF）的金融发展数据库，生产性部门产出数据来源于美国商务部经济分析局，样本时长区间为 1962—2011 年。

第二个是金融部门产出占比 GDP 减生产性部门产出占比 GDP（用 TMF2 表示），金融部门产出和生产性部门产出数据来源于美国商务部经济分析局，样本时长区间为 1962—2011 年。

第三个是金融部门就业人口占总就业人口的比重（用 TMF3 表示），所选数据来源于美国商务部经济分析局，样本时长区间为 1962—2011 年。

第四个是金融部门就业比重的增长率（用 TMF4 表示），所选数据来源于美国商务部经济分析局，样本时长区间为 1962—2011 年。

二、变量单位根检验

我们先对被解释变量和解释变量的平稳性进行检验，得到检验结果详见表 4-4。

表 4-4　金融发展过度指标单位根检验结果

变量	DF 检验值	1% 临界值	5% 临界值	10% 临界值	P 值	是否平稳
gdp_pc 增长率	−4.949	−3.594	−2.936	−2.602	0.000	是
gdp_pw 增长率	−2.788	−3.587	−2.933	−2.601	0.060	是
TMF1	−5.035	−3.587	−2.933	−2.601	0.000	是
TMF2	−5.583	−3.587	−2.933	−2.601	0.000	是
TMF3	−5.028	−3.587	−2.933	−2.601	0.000	是
TMF4	−4.534	−3.587	−2.933	−2.601	0.000	是

从表 4-4 可以看出，被解释变量人均 GDP 增长率和劳动力人均 GDP 增长率均不存在单位根，属于平稳序列；解释变量也不存在单位根，属于平均序列。因此可以在上述设定模型下，考察金融发展过度对经济增长的影响。

三、回归结果分析

采用 EG 两步法首先对人均 GDP 增长率（gdp_pc）进行回归，得到结果详见表 4-5。对上述四个回归的残差进行单位根检验，得到的 ADF 统计量小于 1% 的临界值，P 值也较小，即回归残差不存在单位根，上述回归结果不存在伪回归问题。

从回归结果可以看出，除了第三个金融发展过度指标，即金融部门就业比重促进经济增长外，其他三个金融发展过度指标均明显不利于经济增长。

由此可见，当金融部门发展速度超过生产性部门和金融部门就业比重增长过快时，就会出现金融发展过度问题，对经济产生负影响。

表 4-5   金融发展过度对人均 GDP 增长率影响的回归结果

	(1) gdp _ pcr	(2) gdp _ pcr	(3) gdp _ pcr	(4) gdp _ pcr
TMF1	−0.015 8*			
	(0.006 47)			
TMF2		−0.275***		
		(0.061 5)		
TMF3			19.80***	
			(0.027 1)	
TMF4				−0.177*
				(0.200)
_ cons	3.595***	2.643***	0.001 41	2.147***
	(0.696)	(0.293)	(0.004 07)	(0.327)
N	50	50	50	50
R-squared	0.110 9	0.294 6	0.999 9	0.381 9

Standard errors in parentheses.

* $P<0.05$, ** $P<0.01$, *** $P<0.001$.

接下来，我们将被解释变量替换为劳动力人均 GDP 增长率（gdp _ pw），考察金融发展过度对经济增长的影响，回归结果详见表 4-6。

表 4-6   金融发展过度对劳动力人均 GDP 增长率影响的回归结果

	(1) gdp _ pw	(2) gdp _ pw	(3) gdp _ pw	(4) gdp _ pw	(5) gdp _ pw
TMF1	−0.024 0***				−0.017 6**
	(0.005 60)				(0.006 03)
TMF2		−0.021 7			−0.149*
		(0.070 2)			(0.073 6)
TMF3			1.911		−2.582
			(2.728)		(2.729)
TMF4				0.650***	0.629**

续表

	(1) gdp _ pw	(2) gdp _ pw	(3) gdp _ pw	(4) gdp _ pw	(5) gdp _ pw
				(0.169)	(0.188)
_ cons	7.565***	5.271***	5.026***	4.867***	7.181***
	(0.602)	(0.334)	(0.409)	(0.277)	(0.833)
N	50	50	50	50	50
R-squared	0.276 5	0.002 0	0.010 1	0.235 3	0.430 1

Standard errors in parentheses.

* $P<0.05$，** $P<0.01$，*** $P<0.001$.

同样，对上述回归的残差进行 ADF 单位根检验，检验结果显示残差属于平稳序列，因此上述回归结果不存在伪回归问题。

从表 4-6 可以看出，第（2）列和第（3）列的回归结果不显著。第（1）列回归结果显示，用金融部门私人信贷占比 GDP 减生产性部门产出占比 GDP 作为金融发展过度指标时，随着变量的增加，将对经济增长产生不利影响。第（4）列回归结果显示，金融部门就业比重增长率的提高有利于经济增长。第（5）列回归结果显示，金融部门私人信贷占比 GDP 或者金融部门产出占比 GDP 大于生产性部门产出占比 GDP 时，均不利于经济增长；但是金融部门就业比重增长率的提高有利于经济增长。

总之，从本节回归结果可以看出，金融部门发展速度超过生产性部门时，将不利于经济增长；而使用金融部门就业比重及增长率作为衡量金融发展过度指标时，并没有得到一致结论。

第四节　信贷流向对经济增长的影响

从上文的分析中我们可以看出，美国金融体系确实发展过度了，对经济增长产生了负影响。那么究竟是体系中的哪一部分对经济增长产生了负影响呢？为进一步分析金融体系对经济增长产生负影响的原因，有必要对信贷进行分类。

金融发展理论的研究在考察信贷对经济增长的影响时，对银行部门私人信贷和非银行部门私人信贷进行了区分，但是忽略了这样一个事实：不同信贷来源对经济增长的作用基本是一致的，而信贷的流向却会对经济增长产生不同的影响。20 世纪 80 年代后，以美国为代表的发达国家信贷市场呈现如下趋势，即家庭部门信贷、房地产信贷比重逐渐增加，企业部门信贷比重逐渐减少。为考察这种趋势的影响，有必要对信贷流向进行区分，分别考察其对经济增长的影响。

金融发展理论中提出了企业信贷促进经济增长的多个途径，但是对家庭信贷作用的解释却十分模糊。Jappelli 和 Pagano（1994）认为缓解家庭的信贷约束将降低储蓄率，对经济增长产生负影响。他们选取了 25 个中高收入国家进行了研究，发现缓解家庭的流动性约束，比如提供抵押贷款，将伴随着较低的利率水平和较低的人均 GDP 增长。另外，Galor 和 Zeira（1993）及 De Gregorio（1996）认为家庭信贷通过提高人力资本对经济增长产生正向影响。后者选取 20 个 OECD 国家进行研究，发现提高贷款比例，将提高高中入学率，但是并未提高经济增长。因此理论和实证研究指出，家庭信贷对经济增长的作用主要取决于信贷的使用情况。

因此，根据信贷流向对信贷进行分类，分别考察其对经济增长的影响，有以下意义：第一，理解信贷的组成对理论研究有重要影响，如果家庭信贷、企业信贷对经济增长的影响是独立的，就需要重新研究金融部门发展和经济增长关系的理论模型；第二，对银行信贷进行细分，有助于理解金融发展在不同国家和不同经济发展水平上对经济增长作用的不同，也有助于我们寻找金融促进经济增长的渠道；第三，考察家庭和企业信贷对经济增长的不同影响，更有利于金融部门制定相关政策，引导信贷流向，促进经济增长。

一、指标选取和模型设定

为考察美国信贷流向对经济增长的作用，借鉴 Beck 等（2012）的研究，构建回归模型如下：

$$GROWTH = \alpha_0 + \beta_1 HOUSEHOLD + \gamma_1 ENTERPRISE + \lambda_1 ESTATE + \varepsilon_1$$

上述模型中，α_1 是常数项，β_1，γ_1，λ_1 分别为解释变量的系数，ε_1 是残差。

被解释变量 GROWTH 是经济增长，借鉴 Beck 和 Levine（2004）的研究，选取人均 GDP（gdp_pc）作为衡量经济增长的指标；此外，选取劳动力人均 GDP（gdp_pw）作为替代指标。GDP 数据以 2005 年为基期进行平减，回归中采取对数形式。所选数据来源于美国商务部经济分析局和美国劳工部网站，考察时间区间为 1960—2011 年。

选取的解释变量：第一个是家庭信贷占比（HOUSEHOLD），根据美国商业银行信贷分类，家庭信贷占比等于消费者信贷除以商业银行总信贷。第二个是企业信贷占比（ENTERPRISE），等于工商业信贷除以商业银行总信贷。第三个是房地产信贷占比（ESTATE），等于房地产信贷除以商业银行总信贷。所选数据均来自美联储，考察时间区间为 1960—2011 年。

二、变量散点图及单位根检验

我们首先通过被解释变量和解释变量的散点图考察两者间是否存在设定模型中的关系。图 4-3 为家庭信贷占比和经济增长关系的散点图，从中可以看出，随着家庭信贷占比的增加，人均 GDP 和劳动力人均 GDP 呈现稳定的上升趋势。

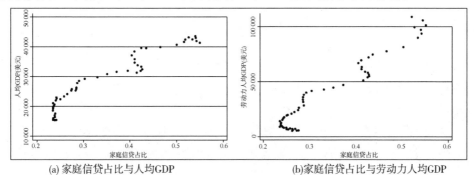

(a) 家庭信贷占比与人均GDP　　　　　(b)家庭信贷占比与劳动力人均GDP

图 4-3　家庭信贷占比与经济增长关系的散点图

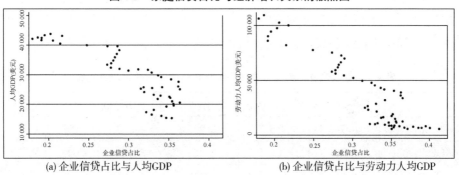

(a) 企业信贷占比与人均GDP　　　　　(b) 企业信贷占比与劳动力人均GDP

图 4-4　企业信贷占比和经济增长关系的散点图

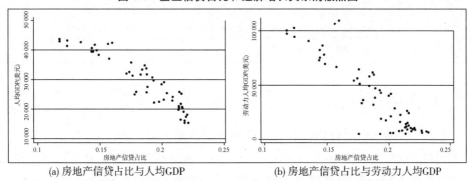

(a) 房地产信贷占比与人均GDP　　　　　(b) 房地产信贷占比与劳动力人均GDP

图 4-5　房地产信贷占比和经济增长关系的散点图

图 4-4 为企业信贷占比和经济增长的散点图，从中可以看出随着企业信贷占比的增加，人均 GDP 和劳动力人均 GDP 逐渐下降，但是偶尔也有所上升。

图 4-5 为房地产信贷占比和经济增长关系的散点图，从中可以看出，随着房地产信贷占比的增加，人均 GDP 和劳动力人均 GDP 均下降。

总之，从上面的散点图可以看出，家庭信贷占比、企业信贷占比及房地产信贷占比和被解释变量间均存在较为明显的线性关系，符合设定模型，可以进行实证研究。

同前两节，在实证研究前首先考察各变量的平稳性，由于人均 GDP 和劳动力人均 GDP 已经检验属于差分平稳，在此仅考察解释变量的平稳性，单位根检验结果见表 4-7。

从表 4-7 可以看出，三个变量均为差分平稳。比如家庭信贷占比差分的 ADF 检验值为 −6.007 7，小于 1% 的临界值，且 P 值为 0，拒绝原假设，即家庭信贷占比变量差分平稳；企业信贷占比差分的 ADF 检验值为 −4.803 8，小于 1% 的临界值，且 P 值为 0.000 3，拒绝原假设，即企业信贷占比变量差分平稳；房地产信贷占比差分的 ADF 检验值为 −4.468 3，小于 1% 的临界值，且 P 值为 0.000 8，同样拒绝原假设，即房地产信贷占比变量也是差分平稳。

表 4-7 家庭信贷、企业信贷和房地产信贷变量的单位根检验结果

	DF 检验值	1% 临界值	5% 临界值	10% 临界值	P 值	是否平稳
HOUSEHOLD	−0.169 4	−3.577 7	−2.925 2	−2.600 1	0.967 7	否
ΔHOUSEHOLD	−6.007 7	−3.577 7	−2.925 2	−2.600 1	0.000 0	是
ENTERPRISE	−0.225 7	−3.571 3	−2.922 4	−2.599 2	0.927 9	否
ΔENERPRISE	−4.803 8	−3.571 3	−2.922 4	−2.599 2	0.000 3	是
ESTATE	1.023 2	−3.581 2	−2.926 6	−2.601 4	0.996 2	否
ΔESTATE	−4.468 3	−3.581 2	−2.926 6	−2.601 4	0.000 8	是

三、回归结果分析

根据 EG 两步法进行协整分析，得到回归结果，详见表 4-8。其中，第（1）列回归时间区间为 1960—2011 年；此外，为考察信贷比重变化对美国经济增长的影响，将美国金融体系发展历程进行阶段划分，分别考察 1960—1981 年和 1982—2011 年两个阶段信贷流向对经济增长的影响，回归结果分别为第（2）列和第（3）列。

在得到上述回归结果后，我们分别对回归的残差进行单位根检验。发现第一个和第三个回归的结果均不存在伪回归问题，而第二个回归的残差存在单位根，回归结果有可能存在伪回归问题。

表 4-8 信贷流向对人均 GDP 影响的回归结果

解释变量	(1) lngdp _ pc	(2) lngdp _ pc	(3) lngdp _ pc
HOUSEHOLD	3.397*** (0.561)	6.290* (2.252)	0.538 (0.676)
ENTERPRISE	2.536** (0.771)	0.728 (2.204)	−1.272* (0.907)
ESTATE	−1.772** (1.238)	−4.720 (3.566)	−1.690* (0.715)
_ cons	8.615*** (0.556)	9.127*** (1.780)	10.87*** (0.579)
N R-squared	52 0.941 9	22 0.698 8	30 0.924 0

Standard errors in parentheses

* P< 0.05, **P< 0.01, ***P< 0.001

从第（1）列回归结果可以看出，家庭信贷和企业信贷比重的增长都促进了经济增长，房地产信贷比重的增加不利于经济增长。从第（3）列回归结果可以看出，家庭信贷比重的增加对经济增长的作用不显著，企业信贷比重和房地产信贷比重的增加均不利于经济增长。

总之，家庭信贷比重的增加对经济增长的作用是正向的，这个结果跟 Galor 和 Zeira（1993）及 De Gregorio（1996）一致，但是跟 Beck 等（2012）的结果相反，可见不同国家家庭信贷的作用是不同的。本书认为，在美国，家庭信贷多用于消费，因此促进了经济增长。

企业信贷比重的增加，在整个考察期间对经济增长的作用是正向的，但是在1982—2011 年却阻碍了经济增长。主要因为这个阶段实体经济投资严重不足，企业信贷增加不能转化为有效投资，无法对经济增长产生促进作用。

相反，房地产信贷比重的增加在整个考察期间以及 1982—2011 年均不利于经济增长，主要原因可能是美国房地产信贷过量发行，同时也未转化为有效投资，仅推高了资产泡沫，因而阻碍了经济增长。

接下来，将被解释变量替换为劳动力人均 GDP，研究信贷流向对经济增长的影响，得到的回归结果详见表 4-9。但是对回归的残差进行单位根检验，发现三个回归的残差均不平稳，上述结果均可能存在伪回归问题。

表 4-9　信贷流向对劳动力人均 GDP 影响的回归结果

	(1) lngdp_pl	(2) lngdp_pl	(3) lngdp_pl
HOUSEHOLD	4.066 (2.132)	2.761 (4.118)	0.892 (1.046)
ENTERPRISE	−4.013 (2.744)	−15.91*** (2.605)	−3.674* (1.402)
ESATE	−7.697 (4.651)	−12.38* (5.309)	−2.500* (1.105)
_cons	11.50*** (2.045)	16.86*** (2.141)	12.09*** (0.895)
N R-squared	64 0.781 3	34 0.586 3	30 0.949 2

Standard errors in parentheses.

* $P< 0.05$, ** $P< 0.01$, *** $P< 0.001$.

第五节　小　结

本章从金融—增长角度对美国金融发展过度问题进行了实证研究，根据选取解释变量的不同，分别从传统金融发展指标、金融发展过度指标以及信贷流向三个方面进行了考察。传统金融发展指标主要选取了私人信贷占比 GDP（PRI）、证券市场换手率（TUR）、证券市场资本化率（CAP）、证券市场交易值（VAT）、金融结构（CAPBANK，VATBANK）；然后构建了四个金融发展过度指标，包括私人信贷占比 GDP 减生产性部门产出占比 GDP、金融部门产出占比

GDP 减生产性部门产出占比 GDP、金融部门占总就业人口的比重和金融部门就业比重的增长率；最后为考察金融体系的哪一部分对经济增长产生了负影响，根据美国商业银行信贷流向，将信贷分为家庭信贷、企业信贷和房地产信贷，分别考察其对经济增长的影响。从回归结果可以得到如下结论。

首先，美国确实存在金融发展过度问题，证券市场过度发展程度比银行更为严重。1962—1981 年，私人信贷占比 GDP 对经济增长的影响结果不显著；但是在 1982—2011 年，得到私人信贷占比 GDP 对经济增长产生负影响的"门槛值"为 219.16％，因为后者使用的是跨国面板数据，而本章使用的是美国的时间序列数据，可见不同经济规模，"门槛值"也是不同的。但是回归结果至少证明，当私人信贷占比 GDP 超过一定比值时，不再对经济增长产生促进作用，反而损害经济增长。

与 Arcand 等（2012）不同，本书引入证券市场换手率、证券市场资本化率和证券市场交易值三个变量。实证回归结果显示，在 1989—2011 年，证券市场换手率对经济增长产生负影响的"门槛值"为 282.36％，证券市场资本化率对经济增长产生负影响的"门槛值"为 133.07％。实际上，考察区间内，一些变量已经超过了相应的"门槛值"。比如证券资本化率在 1998—2001 年和 2005—2007 年均超过了 133.07％这个"门槛值"，甚至一度高达 160％，严重阻碍了经济增长。

本书还引入金融结构指标证券市场资本化率除以银行信贷比率，回归结果显示，证券市场资本化率除以银行信贷比率对经济增长产生负影响的"门槛值"为 5。实际上，该变量在 2000—2002 年以及金融危机爆发后的 2008—2010 年，均超过了"门槛值"。

其次，相比实体经济部门，金融部门增长过快时，将不利于经济增长。对比金融部门的产出比重和就业比重，构建金融发展过度指标，衡量其对经济增长的影响，实证结果显示，1962—2011 年，金融部门产出分别用私人信贷占比 GDP 和 GDP 增加值考察，两部门差额的增加均不利于经济增长。相反，金融部门就业比重的增加有利于经济增长，但是过快的增长并不利于经济增长。使用劳动力人均 GDP 指标，仅得出第一个发展过度指标对经济增长产生负影响的结论。可见，金融部门必须保持适度发展，和实体经济保持较为均衡的增长速度，才能促进经济增长；反之，将会阻碍经济增长。

最后，不同的信贷流向对经济增长的影响也是不同的，美国金融发展过度对经济增长产生负影响，更多的是由房地产企业比重增长过快导致的。将商业银行信贷分为家庭信贷、企业信贷和房地产信贷，分别考察其对经济增长的影响，实证结果显示：在美国，家庭部门信贷比重的增加有利于经济增长，这个结果和Beck 等（2012）的跨国回归结果有所不同，本书认为可能是美国家庭信贷通过消费进而促进了经济增长；企业信贷在整个考察期对经济增长的作用是正向的，但是1982—2011 年，却阻碍了经济增长；而在整个考察期，房地产信贷比重的增加均不利于经济增长。

总之，当金融部门信贷过度过快增长，特别是房地产信贷比重过快增长，证券市场换手率、资本化率过高，以及金融部门发展速度超过生产性部门时，均不利于经济增长。

第五章　从金融部门角度看美国金融发展过度

本章将从金融部门角度研究美国金融发展过度问题。与金融—增长角度不同，金融部门角度的研究主要考虑作为一个独立的部门，其创造的产出是否能够弥补投入，即随着金融部门规模的增加，其功能效率是否有所提高。由于金融部门的特殊性，其投入和产出很难被全面精确地衡量，因此该角度的研究并没有一个清晰的框架。本章拟从相对规模和功能效率两个方面进行分析，尝试考评美国金融部门是否存在发展过度、效率逐步下降的问题；鉴于银行部门在金融部门中的重要地位，本章后两节从相对规模和效率两个方面对美国银行部门进行系统的分析。

第一节　引　言

金融危机对经济带来的沉重打击，使得许多评论家，特别是还有一些世界金融治理高层管理者公开提出：金融部门增长过大了，它的许多行为只有很少甚至为负的社会价值，如果对金融部门规模进行缩减，将提高世界经济效率和生产率。Beck、Degryse 和 Kneer（2012）进一步提到在过去的 20 年间，金融部门的发展已经超过其传统的中介活动职能，并将银行部门的活动分为中介和非中介活动。其中非中介活动包括创新及交易，还包括一些衍生服务，比如法律、会计和咨询，因此金融部门已经成为一个独立的生产性部门。因此，应从部门角度，对比其投入产出情况，考察美国金融部门是否发展过大或者过度了。

从前文分析中，我们已经看出金融部门的规模呈现一定的"过度"发展趋势，但是仅从金融部门自身规模，无法得到其是否发展过度的结论。因此，本章首先将金融部门和整体经济部门以及生产性部门进行对比研究，进而考察其是否存在发展过度问题；其次对金融部门的投入产出进行对比研究，考察随着其规模增长，功能效率是否提高，如果没有提高则证明规模确实过大了，应该予以限制。

通过上述分析，本章尝试回答以下问题：金融部门是否存在发展过度问题？相比占用的经济资源，金融部门是否向社会提供了有用的服务？或者说，金融部门的功能效率是否下降？回答这些问题将有利于美国监管政策的推进和执行。许多反对加强监管的银行家认为削减金融部门规模会降低美国金融业的竞争力，降低效益。实际上，如果金融部门已经发展过度导致其自身效率低下，适当削减规模反而会增加其竞争力。

第二节　美国金融部门相对规模解读

不论以何种指标和测量方法，到 2008 年金融危机爆发前的过去的几十年里，美国的金融部门以爆炸式的速度增长着（Gerald Epstein 和 James Crotty，2013）。

一、金融总资产规模增长速度远超 GDP

前文我们已经分析了美国金融资产和金融部门金融资产的增长情况，为考察美国金融部门规模是否存在过度发展问题，现将美国总金融资产以及美国金融部门总资产与美国 GDP 进行对比。

表 5-1　1965—2010 年美国金融资产与 GDP 对比情况

年份	GDP（10^9 美元）	金融总资产（10^9 美元）	金融总资产/GDP（%）	金融部门金融资产（10^9 美元）	金融部门金融资产/GDP（%）
1965	719 110.00	3 959.60	5.51	1 740.70	2.42
1970	1 038 538.00	5 538.60	5.33	2 580.30	2.48
1975	1 638 335.00	8 714.20	5.32	4 273.20	2.61
1980	2 789 504.00	15 327.70	5.49	7 305.90	2.62
1985	4 220 262.00	25 103.90	5.95	12 644.20	3.00
1990	5 803 067.00	38 152.20	6.57	18 734.70	3.23
1995	7 397 650.00	55 738.60	7.53	26 562.30	3.59
2000	9 951 482.00	91 902.40	9.24	42 996.10	4.32
2005	12 622 959.00	129 146.80	10.23	62 254.20	4.93
2007	14 028 675.00	156 031.30	11.12	74 814.80	5.33
2010	14 498 922.00	161 355.40	11.13	76 764.50	5.29

数据来源：GDP 数据来源于美国商务部经济分析局，http：// www. bea. gov/industry/io_histannual. htm。

金融资产数据来源于美联储，http：// www. federalreserve. gov/releases/z1/20060309/。

比例为作者自行计算而得。

从表 5-1 可以看出，1965—1980 年，美国金融总资产基本上维持在 5 倍的 GDP，1980—2000 年，该数值从 5.49％上升至 9.24％；21 世纪后持续上升，到 2007 年已经高达 11.12％。金融部门金融资产与 GDP 的比值，在 1965—1980 年基本上维持在 2.5％，在 1980—2000 年迅速从 2.62％上升至 4.32％，在 2007 年再次上升，达到 5.33％。

金融资产的适度增长有利于提高经济体中的流动性，缓解投资者流动性约束，方便交易进行，扩大市场规模。但是从上述数据可以看出，相比美国 GDP 规模，金融资产增长速度确实过快了，意味着虚拟资产价值远远超过实体经济总量，这样就容易积累泡沫，形成泡沫经济。

二、金融部门相对收入不断攀高

为衡量美国金融部门是否获取了更高的工资收入，首先将其与生产性部门工资收入进行对比。根据美国行业分类，生产性部门选取采矿业、建筑业、制造业、批发贸易、零售贸易和运输业六大行业；服务性部门，除了金融业，还选取了信息和教育行业。各行业工资收入详见表 5-2。

表 5-2　1998—2011 年主要部门工资收入情况

单位：10^6 美元

年份	采矿业	建筑业	制造业	批发贸易	零售贸易	运输业	信息	金融	教育
1998	35 142	251 982	821 683	291 813	361 781	178 165	188 125	411 453	63 881
1999	34 370	278 310	854 507	302 403	379 997	190 197	216 455	445 230	69 269
2000	35 588	307 282	903 079	327 836	404 248	202 256	242 191	485 971	74 272
2001	38 148	325 502	874 116	330 106	415 886	206 578	240 790	523 440	79 716
2002	35 918	327 835	857 525	330 051	428 074	204 024	224 336	533 491	88 841
2003	37 854	339 863	879 305	338 761	445 148	209 702	228 476	554 888	94 596
2004	42 572	357 371	881 948	358 770	459 307	222 729	235 542	592 672	102 534
2005	47 608	390 730	900 510	381 715	477 641	233 761	237 488	643 539	106 119
2006	57 537	425 827	925 465	407 141	492 999	243 412	245 753	692 862	113 405
2007	62 582	441 752	938 592	431 126	506 473	255 104	258 371	722 805	121 180
2008	73 485	440 312	941 147	438 499	501 008	257 948	259 919	721 185	128 908
2009	64 961	373 847	848 434	408 144	476 897	244 688	250 946	665 857	139 539
2010	69 181	352 742	859 524	415 566	482 537	251 165	248 837	688 634	141 667
2011	80 576	363 483	904 919	437 981	499 395	264 203	260 691	722 800	149 389

数据来源：美国商务部经济分析局，http://www.bea.gov/industry/io_histannual.htm。

从表 5-2 可以看出，1998—2011 年，零售贸易、运输业、教育、信息以及采矿业工资收入处于一个较为平稳的状态，上升幅度缓慢；批发贸易、建筑和制造业的工资收入在 1998—2008 年有小幅上升，金融危机后建筑业和制造业的工资收入有所下降，批发贸易基本维持不变；而金融业工资收入一直处于快速增长状态，尽管 2008 年金融危机爆发后有所下降，但是迅速反弹。

为更直观地对比金融部门和生产性部门工资收入情况，我们将采矿业、建筑业和制造业三大生产性部门合并，并将时间段扩展至 1948—2012 年进行对比分析，详见图 5-1。从图 5-1 可以看出，"二战"后生产性部门工资收入处于缓慢上升趋势，在 1980 年后逐步下滑，进入 21 世纪后下滑趋势更为明显。相反，金融部门工资收入从"二战"后就保持较为稳定的增长趋势，在 1980 年后，上升幅度进一步加大。

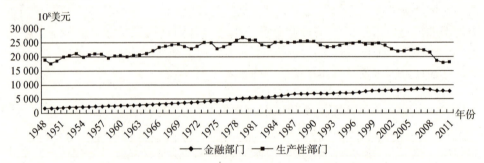

图 5-1　1946—2012 年金融部门和生产性部门工资收入情况

数据来源：美国商务部经济分析局，http：//www. bea. gov/industry/io_histannual. htm。

最后，我们对比生产性部门和金融部门人均年收入情况，选取各部门 GDP 增加值作为收入指标，除以各部门当年就业人口数量得到部门人均年收入，详细对比情况见图 5-2。

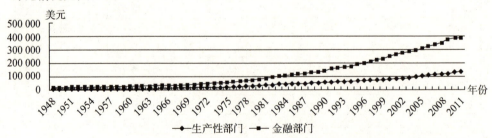

图 5-2　1948—2011 年金融部门和生产性部门人均年收入情况

数据来源：美国商务部经济分析局，http：//www. bea. gov/industry/io_histannual. htm。

从图 5-2 可以看出，1948—1976 年，生产性部门和金融部门人均年收入差别较小，增长速度也较为缓慢。进入 20 世纪 80 年代，金融部门人均年收入增长速度开始急剧上升，1998—2003 年，金融部门人均年收入是生产性部门的 3 倍以上。由此可见，相比生产性部门，美国金融部门确实获取了过高的工资收入和人均年收入。

三、金融部门相对资本支出不断增加

除了相对收入过高外，金融部门相对资本支出增长也十分显著。同上，我们将主要生产性部门和金融部门进行对比，详见图 5-3。

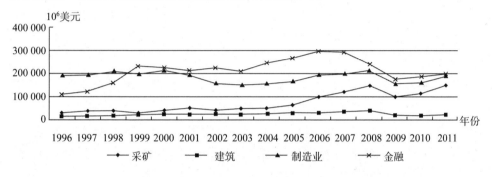

图 5-3　1996—2011 年主要部门资本支出情况

数据来源：美国商务部，http：// www.census.gov/econ/aces/historic _ releases _ csr.html。

从图 5-3 可以看出，1996—2011 年，建筑业资本支出变化较小；制造业波动幅度较大，其中，2000—2002 年出现下降趋势，随后小幅上升，金融危机后再次呈现下降趋势；金融部门在 2007 年前一直处于大幅上升趋势，特别是在 2002—2007 年，资本支出上升了近 50%，危机后有所下降，但在 2009 年后开始反弹。

总之，进入 20 世纪 80 年代后，美国金融部门确实呈现一种发展过度的趋势，一方面，金融资产增长速度远远超过 GDP 的增长速度；另一方面，相对生产性部门，获取了过高的工资收入且占据了过多的资本。

|第三节　美国金融部门的功能效率|

从上一节对比分析中可以看出，美国金融部门确实存在规模过大，占据过多

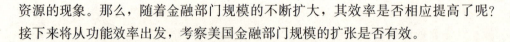

资源的现象。那么，随着金融部门规模的不断扩大，其效率是否相应提高了呢？接下来将从功能效率出发，考察美国金融部门规模的扩张是否有效。

一、金融部门功能效率概念

首先，对金融部门的功能效率的概念进行一个初步界定。James Tobin (1984) 提到："金融行业的经济作用包括：分散并配置风险至最愿意承担它们的地方……通过提供机制和网络支付便利交易；减少投资活动的物质和人力资本……将储蓄分配至最优社会生产价值的地方。在这些方面，我认为效率更多地代表功能效率……作为一个不安的重农主义者，我的怀疑或许和学术不相符，但是事实上确实是我们将更多的资源，包括我们的青年才俊，投入到远离产品和服务生产的金融活动中，投入到能够收获与其社会生产力极度不符的高额个人报酬的金融活动中。"

James Tobin 的功能效率观为近 30 年来金融部门角色的讨论提供了一个框架，作者认为金融业活动最坏的结果是没有任何生产效率。但是 Minsky (1998) 从金融脆弱性角度出发，指出金融业可能是有害的，并可能摧毁社会稳定，带来负的社会价值；金融危机对实体经济带来的沉重打击就可以证实，据 Haldan (2010a) 估计，次级贷款将给全世界造成 60 亿~2 000 亿美元的损失。

可见，考察金融部门的功能效率，不仅要衡量其提供的金融服务，还应考察其带来的社会影响，在这个层面上，金融部门的功能效率甚至有可能为负值。接下来，首先从融资功能角度简单衡量一下美国金融部门的功能效率，然后对金融部门的功能效率进行一个综合评价。

二、融资缺口：功能效率的一个简单衡量

根据金融功能理论，金融部门最基本的功能就是为其他部门提供信贷支持，帮助其完成投资，从而促进经济增长。借鉴 Epstein 和 Crotty (2013) 的研究，我们引入融资缺口指标，考察其他部门，尤其是非金融部门对金融部门的依赖程度。

融资缺口实际上是非金融部门获得的外源融资总额，是部门资本支出总额减去其内源融资的差额。美国非金融部门 1965—2011 年的融资缺口和资本支出情况详见表 5-3，由于篇幅限制，仅列举部分年份。

表 5-3 美国非金融部门融资缺口和资本支出对比情况（1965—2011）

年份	融资缺口（10^9 美元）	资本支出（10^9 美元）	融资缺口/资本支出
1965	1	68.9	0.015
1970	17.3	94.8	0.182
1975	−10.5	135	−0.078
1980	61.4	303	0.203
1985	20.5	447.4	0.046
1990	89.6	537.7	0.167
1995	81.8	763.7	0.107
2000	344.8	1 143.6	0.302
2005	−149.4	1 188.3	−0.126
2010	−235.6	1 238.9	−0.190
2011	−220.1	1 337.2	−0.165

数据来源：美联储，http://www.federalreserve.gov/releases/z1/20060309/。

从表 5-3 可以看出，相比资本支出，非金融企业部门逐渐减少外源融资规模，更多依赖内源融资。1990 年，美国非金融部门融资缺口在资本支出中还占 16％左右，2000 年一度达到 30％，但是随后外源融资比重急剧下降。这个时期，家庭信贷和房地产信贷比重不断增加，而企业信贷比重逐步下降；这也和 Beck 等（2012）的分析一致，即金融活动更多地从服务投资转向非生产性消费，这种趋势势必造成金融部门功能效率减弱，不利于经济增长。

引入融资缺口衡量金融部门提供的服务后，我们要进一步考察金融部门在提供服务的同时，是否收取了过多费用，进而衡量其功能效率。对此，我们用金融部门 GDP 增加值表示其收入情况，用 GDP 增加值与融资缺口的比值作为衡量金融部门的功能效率的指标。金融部门 GDP 增加值除以企业融资缺口，表示每提供 1 美元的金融服务，金融部门赚取的收入情况，也就是金融部门占用资源情况，如果该比值上升，证明提供同样服务，金融部门占用了更多的资源，因此功能效率下降；如果该比值下降，则证明功能效率上升。

美国在 1946—2010 年金融部门功能效率变化情况详见图 5-4。从图 5-4 可以看出，在 20 世纪 50 年代，金融部门 GDP 增加值与融资缺口的比值仅为 0.30，即金融部门提供 1 美元的金融服务，从中赚取 0.30 美元的收益；到 60 年代这个比值就上升至 0.57，70 年代又上升至 0.64，80 年代上升至 1.32，90 年代略有下降至 1.09；到 21 世纪初，该比值上升至 1.74，金融危机爆发后，该比值急剧上升至 7 以上。可见，在过去 20~30 年，提供同样的金融服务，美国金融部门占用了越来越多的资源，功能效率呈现显著下降趋势。

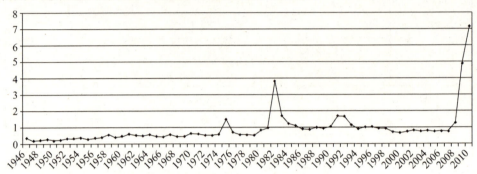

图 5-4　金融部门 GDP 增加值/企业融资缺口（1946—2010）

数据来源：美联储，http：// www. federalreserve. gov/releases/z1/20060309/；

美国商务部经济分析局，http：// www. bea. gov/industry/io _ histannual. htm。

三、金融部门功能效率的综合考评

当然，金融部门提供的服务不仅仅是信贷（融资）支持，还提供了流动性，分散了风险，提供了信息和监管，创造并创新了市场，等等。考察金融部门的功能效率，必须将金融部门的这些功能考虑在内。反对金融监管的学者们强调，金融部门向实体经济提供的许多金融服务因为难以用数据精确衡量而被忽略，比如提供流动性、做市以及金融创新，但是这些金融服务是否带来了正的社会效益呢？我们对此进行逐一分析。

1. 提供流动性的社会效益

金融功能理论指出，提供流动性意味着使得金融资产交易更加便利低廉，同时有助于发现资产价值（价格发现功能）。因为每个资产交易中，都会有买家愿意支付的价格信息以及卖家能够接受的价格信息。一旦交易发生，资产的价格会收敛于供求平衡的均衡价格水平上，该均衡价格就代表了资产的实际价值。如果从这个角度考察，提供流动性显然带来了正的社会效益。

该角度的论述基于这样一个假设，即金融资产的实际价值是可知且已知的。但是在这个以不确定性为特征的当代经济体中，这样的假设显然不成立。当代经济中，流动性的提供更加复杂化和动态化，最终结果是"创造价格"而不是"价格发现"。也就是说，金融机构活动并不是简单为金融市场"价格发现"需求提供流动性支持，它们的活动直接影响了价格的走向，当提供流动性过度时，可能会导致资产价格上涨进而形成价格泡沫，一旦泡沫破灭将给经济带来较大的损失。

因此，考察提供流动性的社会效益前，需要回答下面的问题：为什么提供流动性？即需要进一步观察金融产品产生和交易的类型以及由此带来的社会影响，因为价格发现也不能简单地被认定为有效产出。

2. 做市的社会收益

做市是一些大型交易者参与金融部门交易的主要目的，即方便其他市场参与者买卖金融工具。对此，金融功能理论认为，做市是一个社会有益的活动，以中介的身份撮合买家和卖家，从而降低交易成本。该假设意味着，投资银行和其他金融机构执行价格发现功能时，扮演了被动中介机构的角色。而事实上，金融机构十分主动地设计和销售金融产品，并积极寻求买家和卖家。比如，花旗银行和高盛设计并销售 CDOs 产品，以此赚取巨额收益。

在这种情况下，"做市"并不再是中性的中介活动，而是创造性的市场活动，因此其社会效益还需要根据其所创造的市场类型以及优缺点来判定。以最近二三十年中投行设计并销售的金融衍生产品为例，比如 CDOs 和 CDSs，正是这些产品的过度发行和交易，最终导致金融体系的崩溃。可见，这种类型的"做市"不但没有为市场提供有效服务，反而给经济带来了危害。

3. 金融创新的社会效益

银行家们反对金融监管，认为监管将扼杀创新。但是金融创新的功能效益是什么呢？这些金融创新对实体经济部门的影响又是什么呢？Crotty（2008，2010）十分详细地描述了这些"创新"的破坏性，以及设计者如何有意增加市场投资者了解金融产品的难度，并指出这些金融创新仅仅使以投行为主的金融机构获取超额收益。

那么，金融创新对社会有什么影响呢？Frame 和 White（2004）对金融创新的决定因素和影响做了文献综述，发现没有哪个研究证明金融创新能够降低资本成本，促进投资和经济增长。

值得一提的是，Finnerty（1988）从创新动机角度为我们研究金融创新的社会效益提供了可能。作者指出金融创新的动机主要有风险再分配、增加流动性、降低代理成本、降低交易成本、减少税收和规避监管约束。此外，Tufano

（2002）和 Das（2006）指出一些企业推出复杂的金融创新工具，主要是为了限制其他投资者获取信息，从而使设计者获得信息优势和超额利润，即"专利"动机；Tobin（1984）还指出，金融创新实际上是控制风险和限制损失的一种新型赌博方式，即"赌博"动机。显然，在这些动机中，除了降低交易成本，其他动机并没有显著地带来社会效益的提高。

Crotty 和 Epstein（2009b）计算了为减税、规避监管和进行套利而设计的金融创新产品的数量，结果发现至少有三分之一的金融创新出于上述三个动机（见表 5-4）。显然，这些金融创新并不能带来社会效益的提高。

表 5-4　为规避税收和监管的金融创新的数量和比重

	（1）金融创新的总数量	（2）因规避税收和监管的金融创新数量	（2）/（1）
Finnerty，1988	103	45	0.44
Finnerty，1992	65	21	0.34
Finnerty and Emery，2002	80	25	0.31

数据来源：转引自：CROTTY J. Structural Causes of the Global Financial Crisis：A Critical Assessment of the 'New Financial Architecture'［J］. Cambridge Journal of Economics，2009，33（4）：563-580.

总之，20 世纪 80 年代后，美国金融部门相对规模增长过快；同时随着规模的扩大，功能效率却呈现下降趋势，包括做市和金融创新在内的一些金融活动也并未显著增加社会效益。

第四节　美国银行业的规模

有研究显示，1970—2011 年，政府救助银行的平均财政成本占据 GDP 规模的 7%，可见，银行业的规模直接影响着财政成本（Laeven 和 Valencia，2012）。2008 年金融危机爆发后，许多银行面临资金问题，需要接受政府救济或者直接注资，关于银行业规模的讨论再次成为热点；许多学者担心随着银行规模的增加，一些银行变得"大而不能倒"，甚至"大而必须救"，将给政府带来巨大压力。那么，多大规模的银行体系是合理的呢？

通常，衡量银行体系规模有两个角度，第一个角度是银行部门的规模必须与本国的生产能力相符，意味着政府应该有能力救助受困企业，银行部门的规模相比国家经济规模不能过大，因此一个较小规模的国家不能拥有较大的银行部门。

第二个角度是回归到银行成立的本源，即服务实体经济，意味着银行体系的规模要和家庭、企业以及政府的金融需求规模相匹配。接下来，我们分别从上述两个角度考察美国银行体系规模是否过大。

一、银行部门规模：救助能力角度的研究

从救助能力角度考量银行规模，即银行体系规模是否与本国生产能力相符，有两个衡量指标：一是银行部门资产价值与本国 GDP 的比值（World Bank，2005；Beck 等，2010）。二是银行的权益资产账面价值与本国 GDP 的比值（Dermine，2000；Dermine & Schoenmaker，2010）。

这两个指标都有各自的优缺点。比如，资产价值与 GDP 的比值衡量的是一国银行体系的整体规模，但是并不能得出大型银行比小银行更有风险的结论，因为它们的资产风险配置不同。权益资产账面价值占比 GDP 的优点在于，它能更好地测量相对规模，也能更好地考量救助成本，因为在巴塞尔协议Ⅲ下，金融机构必须持有充足的资产用以抵补预期不到的损失（Dermine & Schoenmaker，2010）。

首先，我们考察美国银行体系总资产与本国 GDP 的比值情况。从表 5-5 可以看出，20 世纪 90 年代，受联邦担保的美国商业银行和储蓄机构资产总额占 GDP 的比重维持在 72% 左右，进入 21 世纪后有所上升，截至 2008 年银行总资产基本与美国当年 GDP 持平；可见，在这个时期，美国政府救助银行的成本越来越高。

表 5-5　受联邦担保的美国商业银行和储蓄机构资产规模与 GDP 对比情况

（1991—2010）

年份	银行资产/GDP	权益资产/GDP	年份	银行资产/GDP	权益资产/GDP
1991	0.76	0.05	2001	0.77	0.07
1992	0.72	0.05	2002	0.79	0.07
1993	0.71	0.06	2003	0.81	0.07
1994	0.71	0.06	2004	0.85	0.09
1995	0.72	0.06	2005	0.86	0.09
1996	0.72	0.06	2006	0.89	0.09
1997	0.73	0.06	2007	0.93	0.10
1998	0.74	0.06	2008	0.97	0.09
1999	0.74	0.06	2009	0.94	0.10
2000	0.75	0.06	2010	0.92	0.10

数据来源：GDP 来源于美国商务部经济分析局，http://www.bea.gov/industry/io_histannual.htm；

商业银行和储蓄机构资产来源于 FDIC，http://www2.fdic.gov/hsob/index.asp。

接下来，我们再来考察权益资本与当年 GDP 总额的对比情况。从表 5-5 可以看出，20 世纪 90 年代，该比值维持在 6％左右，意味着一旦出现危机，政府至少需要支出当年 GDP 的 6％用以挽救受困；到 21 世纪初，该比值已经上升至 9％，在危机期间，上升至 10％，可见政府救助这些银行的成本极高。

由此可见，相比本国经济规模，美国银行部门规模增长过快，大大地增加了危机中政府的救助成本。

二、银行部门规模：实体经济需求角度的研究

衡量银行体系规模的第二个视角是基于顾客追随原则的考量，即银行部门必须支持它们的客户（Grosse & Goldberg，1991；Brimmer & Dahl，1975），因此其规模必须与家庭和企业的需求保持一致。可见，在考量银行部门规模时，还应考量社会对银行服务需求的构成变化。

1. 跨国企业的金融需求

Beck 等（2008）的研究指出社会经济发展趋势将影响信贷构成。在全球化背景下，许多企业走出国门，进行跨国经营。考虑到这个趋势，在考量一国银行部门规模的时候，应加入跨国企业的金融需求因素。此外，有学者指出，因为跨国企业通常会偏好使用本国银行，也能与其保持较好的战略合作关系（KPMG，2011），这就意味着本国银行应依据本国跨国企业需求，开展海外业务以便更好地服务于它们的金融需求。而大型跨国银行在国际市场上，具有规模经济和范围经济的竞争优势，能更好地服务跨国公司（Liikanen 等，2012）。因此，具有较大规模跨国企业的国家可能会拥有大型银行，因为小银行不能为其提供跨国服务（Dermine & Schoenmaker，2010）。

在这个视角下，可以以下指标衡量银行规模，一是存款货币银行和其他金融机构的私人信贷与本国 GDP 的比值（Beck 等，2012；Beck 等，2010；Beck 等，2007），二是跨国银行海外投资、总资产与大型跨国银行总资产的比值（Schoenmaker D & Werkhoven D，2012）。私人信贷占 GDP 比值指标已经在第四章详细讨论过，这里不再赘述。接下来重点考察美国跨国企业规模与银行部门规模的对比情况。

2. 银行规模：加入跨国企业的考量

我们选取美国五大银行的综合资产作为衡量银行规模的指标，因为小银行无法为跨国企业服务（Dermine & Schoenmaker，2010），这五家银行分别是花旗银行、J. P. 摩根、富国银行、美洲银行以及美国合众银行。

跨国企业方面，借鉴 Schoenmaker D 和 Werkhoven D（2012）我们选取美国

进入世界 100 强非金融跨国公司（TNCs，UNCTAD，依据海外资产规模排名）中的前十家跨国企业，用其综合资产进行考量，作为衡量跨国企业规模的指标。2000—2008 年，这十大跨国企业基本稳定，分别是通用电气公司（General Electric），福特汽车（Ford Motor Company）、埃克森美孚（Exxon Mobil Corporation）、雪佛龙有限公司（Chevron Corporation）、康菲国际石油有限公司（Conocophillips）、宝洁公司（Procter & Gamble）、沃尔玛（Wal-Mart Stores）、通用移动（General Mobile）、IBM、辉瑞公司（Pfizer Inc.）。

十大跨国企业总资产、海外资产和五大银行资产对比情况详见表 5-6，为直观考察两者对比情况，将其绘制成图 5-5。

表 5-6　美国十大跨国企业资产和海外资产与五大银行总资产对比情况

单位：10^6 美元

年份	跨国企业总资产	跨国企业海外资产	五大银行资产
2000	1 477 085	530 955	2 675 313
2001	1 350 088	600 457	2 909 523
2002	1 867 712	760 719	3 057 856
2003	2 139 586	947 526	3 331 664
2004	2 314 670	1 213 008	4 374 758
2005	2 457 884	1 195 232	4 675 951
2006	2 185 687	1 242 977	5 395 085
2007	2 332 509	1 230 638	6 278 450
2008	2 185 093	1 124 000	7 513 846

数据来源：跨国企业数据来自 UNCTAD，http://unctad. org/en/Pages/Home. aspx，银行资产来源于各大银行年报。

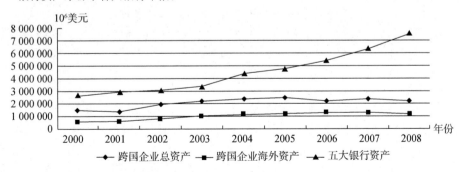

图 5-5　美国十大跨国企业资产和海外资产与五大银行总资产对比情况

数据来源：同表 5-6。

从图 5-5 可以看出，2000—2008 年，美国十大跨国企业总资产、海外资产变化幅度都比较小，总资产从 14 770.85 亿美元增长至 21 850.93 亿美元，增幅为 48.6％；海外资产从 5 309.55 亿美元增长至 11 240 亿美元，增幅为 112％；而五大银行资产从 26 753.13 亿美元增长至 75 138.46 亿美元，增幅高达 181％。

由此可见，从跨国企业需求角度来看，美国五大银行总资产规模增长速度过快，远远超过了跨国企业实际的需求，呈现发展过度的趋势。

|第五节　美国银行业的效率|

在第二章中，已经对银行效率的概念和测度方法进行了详细的阐述，下面分别使用财务分析法和数据包络法对 1980—2011 年美国银行业的效率进行研究。

一、财务指标分析法

首先，我们考察美国银行业资产收益率情况。从图 5-6 可以看出，20 世纪 90 年代后，美国银行业资产收益率先呈现较快的上升趋势，在 1995 年达到峰值后，趋向平缓，可见该时期美国银行业收益率并未明显提高。

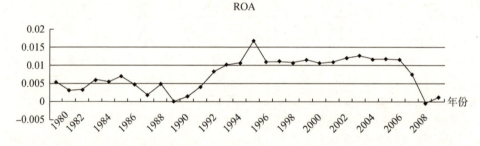

图 5-6　1980—2009 年美国银行业 ROA 情况

数据来源：世界银行金融发展和结构数据库，http：// econ. worldbank. org/WBSITE/EX-TERNAL/EXTDEC/EXTRESEARCH/0，contentMDK：20696167 ～ pagePK：64214825 ～ piPK：64214943～theSitePK：469382，00. html。

接下来，考察银行收入构成情况。从图 5-7 可以看出，20 世纪 90 年代后，非利息收入占总收入的比重逐步上升，特别是在 2002—2006 年，非利息收入占总收入的比重一直高达 30％以上。非利息收入对应的是银行新兴投资类和服务类业务收入，因此非利息收入比重的提高，表明商业银行经营范围不断扩大，而传统的金融中介服务比重逐步减小。

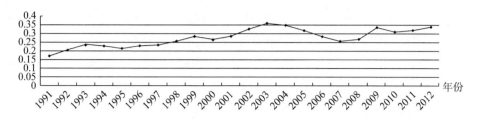

图 5-7　1991—2012 年美国商业银行非利息收入在总收入中的比重

数据来源：FDIC，http://www2.fdic.gov/hsob/SelectRpt.asp?EntryTyp=10。

最后，考察商业银行风险管理情况。从表 5-7 可以看出，商业银行贷款违约率和核销率不断下降，违约率从 1991 年的 5.82% 下降至 2005 年的 1.56%，核销率从 1991 年的 1.59% 下降至 2005 年的 0.5%，可见商业银行贷款质量不断提高。此外，商业银行损失拨备比例也呈现下降趋势，主要是因为在经历了拉美债务危机后，美国商业银行更加重视风险管理，贷款质量和抵御风险能力不断提高。

表 5-7　1991—2005 年美国商业银行贷款的质量和损失拨备情况

年份	1991	1993	1995	1997	1999	2001	2003	2005
违约率（%）	5.82	3.36	2.45	2.23	2.04	2.75	2.16	1.56
核销率（%）	1.59	0.74	0.53	0.63	0.59	1.17	0.78	0.5
损失拨备（%）	1.03	0.47	0.3	0.41	0.39	0.68	0.45	0.3

注：违约率和核销率是相对于贷款的比例，损失拨备是相对于净资产的比例。

数据来源：FDIC，http://www2.fdic.gov/hsob/SelectRpt.asp?EntryTyp=10。

从简单的财务指标分析可以看出，20 世纪 90 年代以来，美国商业银行的盈利能力没有明显提升；非利息收入比重增长较为明显，而传统的利息收入份额不断萎缩；贷款质量和风险管理能力不断提高。但是财务指标分析法比较随机，很难全面反映商业银行的效率情况，接下来我们用 DEA 数据包络方法对美国主要大银行效率进行分析。

二、DEA 数据包络分析

数据包络分析法（简称 DEA）是著名的运筹学家 A. Charnes 和 W. W. Cooper 从相对效率评价的基础上发展起来的一种系统分析法。随着第一个 DEA 模型 CRS 的建立，相关研究不断深入，应用范围也不断拓展。

根据规模报酬是否可变，DEA 模型可以分为 CRS（规模报酬不变）模型和 VRS（规模报酬可变）模型，后者将技术效率分解为规模效率和纯技术效率。根据关注问题不同，DEA 模型可以分为产出导向型和投入导向型两种。投入一定的情况下，使得产出最大化的问题称为产出导向型；而在产出一定情况下，使得投入最小化的问题称为投入导向型。两种方法估计的生产前沿面是一样的，选择的主要依据是企业对投入量还是产出量的控制较强。

1. 样本及指标选取

根据 2010 年美国银行总资产排名，选取以下八家银行作为主要研究对象，分别是摩根大通集团、美洲银行、富国银行、美国合众银行、纽约梅陇银行、第一资本金融公司、道富银行、太阳信托资产管理公司。样本时长区间为 2003—2012 年，数据均来自各大银行年报。

利用 DEA 技术有效测定商业银行效率的关键问题是对于投入和产出的定义。因为对同一个主体，若选择的投入和产出指标不相同，则有可能得到不同的评价结果。本节结合生产法、中介法和资产法，选取以下数据作为投入和产出指标。

投入指标：员工薪酬支出，其中包括工资、福利和佣金，因为银行在为其他部门提供服务的时候，本身也占用了一定的人力资本；存款，使用银行年末存款总额，银行只有吸收了存款才能进行正常的运营，因此存款也是其投入的一部分。

产出指标：贷款，使用银行年末净贷款总额，因为作为中介机构，银行最主要的业务就是提供贷款，因此选择其作为产出指标；税前利润，因为银行经营是为了获得利润，因此选其作为产出指标。

2. 测度结果及分析

通过产出导向型的 CRS 和 VRS 模型对所选样本数据进行分析，得到 2003—2012 年美国主要商业银行技术效率，详见表 5-8。

表 5-8　美国主要大型银行 2003—2012 年技术效率及规模效率表

	CRS 技术效率	VRS 技术效率	规模效率	规模报酬
摩根大通集团	0.630	0.790	0.798	drs
美洲银行	1.000	1.000	1.000	—
富国银行	0.842	1.000	0.842	drs
美国合众银行	1.000	1.000	1.000	—

续表

	CRS 技术效率	VRS 技术效率	规模效率	规模报酬
纽约梅陇银行	0.708	1.000	0.708	irs
第一资本金融公司	1.000	1.000	1.000	—
道富银行	0.661	0.837	0.790	irs
太阳信托	0.884	0.885	0.988	drs
均值	0.841	0.939	0.892	

注：drs 指的是规模报酬递减，irs 指的是规模报酬递增。

从表 5-8 可以看出，无论是在 CRS 模型还是 VRS 模型下，2003—2012 年，有三家银行位于生产前沿边界，包括美洲银行、美国合众银行和第一资本金融公司；而摩根大通集团、富国银行和太阳信托均处于规模报酬递减阶段，只有纽约梅陇银行和道富银行是规模报酬递增。就八家大型银行的均值来看，无论是技术效率还是规模效率都处于下降趋势，特别是规模效率，下降了近 10%。

在 DEA 技术效率分析的基础上，我们进一步使用 MALMQUIST 指数法，测算银行的技术效率、纯技术效率和规模效率，计算结果详见表 5-9、表 5-10 和表 5-11。

表 5-9　美国主要大型银行 2003—2012 年技术效率表

年份	摩根大通集团	美洲银行	富国银行	美国合众银行	纽约梅陇银行	第一资本金融公司	道富银行	太阳信托
2003	0.999	0.485	0.988	0.977	1.108	1.025	1.09	0.976
2004	1.066	1.070	1.039	1.064	1.204	1.165	1.133	1.032
2005	1.067	1.116	1.078	1.056	1.036	0.842	0.950	1.025
2006	0.989	1.047	1.000	1.020	0.774	0.966	0.856	0.989
2007	0.999	0.976	1.029	0.988	0.874	1.052	0.874	1.023
2008	0.800	1.045	0.994	0.803	0.577	0.788	0.549	0.977
2009	0.778	0.921	0.804	0.745	0.781	0.921	1.003	0.916
2010	1.193	0.928	1.099	1.062	1.081	1.421	1.232	0.918
2011	1.237	0.977	1.176	1.18	1.277	0.975	1.212	0.97
2012	1.037	0.986	1.076	1.076	1.164	1.006	1.066	0.985

表 5-10　美国主要商业银行 2003—2012 年纯技术效率表

年份	摩根大通集团	美洲银行	富国银行	美国合众银行	纽约梅陇银行	第一资本金融公司	道富银行	太阳信托
2003	0.968	1.000	1.000	1.000	1.000	1.000	0.534	1.129
2004	1.154	1.000	1.000	1.000	1.000	1.000	0.747	1.000
2005	0.935	1.000	1.000	1.000	1.000	1.000	1.158	0.976
2006	0.898	1.000	0.976	1.000	1.000	1.000	1.868	0.973
2007	1.350	1.000	1.025	1.000	0.567	1.000	1.384	1.053
2008	0.956	1.000	1.000	1.000	0.811	1.000	1.000	1.000
2009	0.934	1.000	1.000	1.000	0.661	1.000	1.000	1.000
2010	1.120	1.000	1.000	1.000	3.292	1.000	1.000	1.000
2011	1.000	1.000	1.000	1.000	1.000	1.000	1.000	1.000
2012	1.000	1.000	1.000	1.000	0.960	1.000	0.728	1.000

表 5-11　美国主要大型银行 2003—2012 年规模效率表

年份	摩根大通集团	美洲银行	富国银行	美国合众银行	纽约梅陇银行	第一资本金融公司	道富银行	太阳信托
2003	0.974	0.897	1.187	1.000	0.967	1.000	1.137	0.975
2004	1.016	1.020	1.000	0.901	1.000	1.105	1.006	
2005	0.960	0.951	0.873	1.000	1.623	1.000	0.984	0.967
2006	1.172	1.019	1.050	1.000	0.637	0.981	0.691	1.025
2007	0.716	1.075	1.023	1.000	1.557	1.019	0.609	0.917
2008	1.045	0.966	1.066	1.000	1.006	0.806	2.322	1.065
2009	1.468	0.928	1.000	1.000	0.832	0.916	1.049	0.901
2010	1.024	1.109	1.000	1.000	1.205	1.354	0.667	1.101
2011	0.769	0.995	0.920	1.000	0.740	1.000	0.804	1.064
2012	0.987	0.960	0.984	1.000	0.820	1.000	1.353	0.981

从表 5-9 可以看出，2003—2007 年，八大银行技术效率在 2004 年处于提升阶段，进入 2005—2006 年逐步下降，到 2007 年基本都处于下降趋势；2008—

2009 年，银行业受到金融危机影响，技术效率下降显著；危机后美国对金融业实施了更为严格的监管，银行业规模有所萎缩，但是八大银行的技术效率却呈现不断上涨趋势。由此可见，2008 年金融危机爆发前，美国大型银行规模发展确实存在过大的现象。

从表 5-10 可以看出，在 2003—2012 年，美国大型银行纯技术效率都比较高，整体处于上升趋势。2003—2006 年，除了摩根大通集团的纯技术效率有下降趋势外，其他银行基本都处于维持不变的状态；在爆发危机的 2007—2008 年，摩根大通银行和纽约梅陇银行纯技术效率下降也较为明显，其他银行均处于维持不变的状态；危机后，经过一系列改革，美国大型银行的纯技术效率逐步上升，特别是纽约梅陇银行在 2010 年出现较为强势的反弹。

从表 5-11 的数据可以看出，除了富国银行、美国合众银行和第一资本金融公司规模效率基本保持不变外，其他银行基本处于下降趋势；比如摩根大通集团除了危机爆发后的 2008—2010 年连续规模效率上升，其余阶段规模效率均处于下降趋势；道富银行在 2003—2004 年，规模效率持平，但是进入 2005 年便急剧下降，危机爆发后反而快速反弹；美洲银行、纽约梅陇银行和太阳信托规模效率波动较大，近几年也呈现下降趋势。

为了更直观地考察 2003—2012 年美国大型银行效率的变化情况，我们将八大银行的效率按年份进行汇总分析，详见表 5-12 和图 5-8。

表 5-12　美国主要大型银行 2003—2012 年效率汇总表（按年份）

年份	综合效率	技术效率	纯技术效率	规模效率	全要素生产率变化指数
2003	0.947	0.931	0.935	1.013	0.882
2004	0.986	1.095	0.982	1.004	1.080
2005	1.033	1.018	1.007	1.026	1.052
2006	0.985	0.951	1.060	0.929	0.936
2007	0.972	0.975	1.017	0.956	0.948
2008	1.067	0.799	0.969	1.101	0.852
2009	0.939	0.854	0.941	0.998	0.802
2010	1.223	1.106	1.177	1.039	1.354
2011	0.904	1.119	1.000	0.904	1.001
2012	0.958	1.048	0.956	1.002	1.004
均值	0.998	0.984	1.002	0.996	0.982

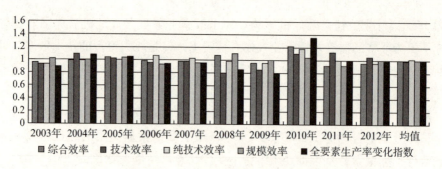

图 5-8　美国主要大型银行 2003—2012 年效率汇总情况（按年份）

从表 5-12 和图 5-8 可以看出，美国大型银行综合效率在 2003—2007 年基本呈现下降趋势，危机爆发后反而呈现上升趋势。纯技术效率基本处于上升趋势，除了在爆发危机的 2008—2009 年有所下降。规模效率在 2003—2005 年处于上升趋势，进入 2006—2007 年开始下降，危机爆发后反而有所上升，可见危机中银行规模的削减反而促进了银行效率。全要素生产率变化指数是衡量单位总投入的总产量的生产率指标，小于 1 表示无效率，大于 1 表示有效率，从该指数的变化情况可以看出，2006—2007 年大型银行效率已经有所下降，危机爆发后下降较为明显。

第六节　小　结

本章从相对规模和效率两个方面考察了美国整个金融部门以及银行部门发展过度问题。分析后发现，美国金融部门以及银行部门确实存在规模过度膨胀、效率不断下降的现象。

首先，无论从相对规模、相对部门收入还是相对投入考察，都可以看出 1980 年以后，美国金融部门规模确实存在发展过大过度的趋势。金融总资产从 1980 年的 5 倍 GDP 上升至 2010 年的 11 倍；危机爆发前，仅金融部门金融资产就达到 5.3 倍的 GDP。将金融部门和生产性部门进行对比可以发现，金融部门不但获取了高额的收入，其资本投入的上升幅度也远远高于生产性部门。总之相对于生产性部门，金融部门规模确实存在发展过大过度的现象。

其次，金融部门规模的扩张，并未提高其功能效率。作为一个服务部门，金融部门最大的功能就是为其他部门提供融资服务，引入金融部门 GDP 增加值除以融资缺口作为衡量金融部门功能效率的指标，研究发现，1980 年以后，金融部门每提供 1 美元的金融服务，赚取的收益从 0.64 美元上升至 1.74 美元，即占据了越来越多的资源，意味着其功能效率出现下降。针对部分银行家强调的许多金融服务的效益无法精确衡量而被忽略的观点，本书还对提供流动性、做市、金融创新的社会效益进行了全面的分析，发现这些服务并未提高社会效益，比如"做市"更多的是创造市场和价格而不是发现价格，金融机构推出的诸多金融创新也仅仅是为了规避管制和提高自身收益，均未提高有效产出。

再次，相比美国整个经济体规模和实体部门金融需求，美国银行规模也发展过大了。相比美国整个金融部门的资产规模膨胀情况，美国商业银行和储蓄机构的资产膨胀速度和程度都要小很多；即使如此，相比美国经济规模，美国银行业规模也很大，以权益资产占 GDP 比值衡量，进入 21 世纪，该比值从 6％快速上升至 10％，严重增加了政府的救助成本。考虑到大型跨国银行在服务跨国企业客户时具有竞争优势，本书考察了美国大型跨国公司金融总需求和海外金融需求情况，发现 2000—2008 年，这些大型跨国公司的需求变化幅度很小，但是美国五大银行资产膨胀速度远远高于跨国企业。可见，美国银行发展已经远远超过实体经济需求的最优规模。

最后，随着美国银行规模的发展，其效率呈现小幅下降趋势。利用财务指标法和 DEA 数据包络法对美国主要银行效率进行研究后发现，美国银行业纯技术效率整体较高，即使样本时长区间经历了金融危机，也未影响其纯技术效率的提高；但是受规模效率小幅下降的影响，美国主要银行综合效率和全要素生产指数呈现下降趋势。

总之，美国金融部门以及银行部门的发展超过了社会需要的最优规模，其功能效率和社会效率却不断下降，因此有必要削减规模，以便更好地服务于实体经济。

从第三章至第五章的分析中不难看出，20 世纪 80 年代以来，美国金融部门确实存在发展过度的现象：金融发展已经超过"门槛值"，对经济增长产生负影响；同时作为一个独立的行业和部门，金融部门相对规模增长过快，但是功能效率却不断下降。那么，是什么原因导致美国金融部门呈现过度发展状态的呢？

本章从美国经济的特殊性方面进行考察，第七章再用实证进行检验。从美国金融体系发展历程来看，在 20 世纪 70 年代前，美国金融部门的发展速度比较适中，较好地推进了美国经济的发展；但是进入 80 年代后，开始进入快速膨胀的阶段，整体规模不断扩张。正是在这个时期，美国在全球经济中的霸权地位才凸显并确立；也正是美国的这种特殊性，才一步步加剧了其经济的虚拟化程度，推动了金融过度创新，并最终使金融部门过度发展。

第一节 金融部门扩张是美国保持经济霸权的必然选择

美国在全球经济发展中处于绝对的霸权地位，再加上科技的发展和资源的短缺，美国通过跨国公司将需要使用大量劳动力等其他资源的制造环节转移到新兴经济体，而国内则专注于知识密集型产业，比如高科技产业。在互联网泡沫破灭后，为保持经济霸权地位，美国开始大力发展金融业，可以说，美国金融部门的扩张是其保持经济霸权的必然选择。

一、美国在全球经济中的霸权地位

经历了 19 世纪的科技革命，美国迅速成为世界工业大国；20 世纪初的两次世界大战，成功地将美国推向世界头号超级大国，并一直保持到今天，其中强大的经济实力是其保持世界头号经济大国的关键。

我们从 1980—1999 年期间主要国家的 GDP 对比情况（如图 6-1）就可以看

出，在此期间，无论从整体规模还是增长速度上，美国 GDP 在全球经济中处于绝对领先地位。处于第二位的是日本，而其他主要国家都处于较为缓慢的增长速度。

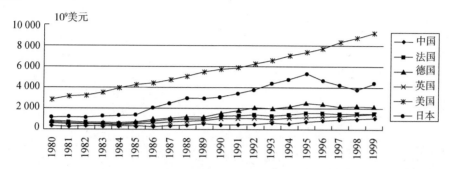

图 6-1　1980—1999 年主要国家 GDP 对比情况

即使经历 2008 年金融危机，美国经济体系和金融体系受到重创，但是美国仍然是全球 GDP 总量最大的国家。从表 6-1 中可以看出，2008 年以后，美国 GDP 在经历了 2009—2010 年的下降后，在 2011 年开始反弹，并逐步恢复增长。并且，美国 GDP 在全球经济中的比重并未受到较大影响，从表中数据可以计算出来，美国 GDP 占据全球的比重仍然在 20％以上。由此可以看出，美国的经济在全球经济中处于绝对领先的地位。

表 6-1　2008—2014 年主要国家 GDP 情况

单位：10^9 美元

年份	2008	2009	2010	2011	2012	2013	2014
全球	61 268.1	57 920.3	62 909.3	65 362.7	67 454.3	74 171.7	77 868.8
美国	14 369.1	14 119.1	14 657.8	15 924.2	16 290.4	16 237.8	17 419.0
欧元区	13 614.2	12 476.1	12 192.8	12 336.5	11 869.0	17 227.7	13 402.8
日本	4 879.8	5 033.0	5 458.9	5 974 297	6 093.8	5 149.3	4 601.5
中国	4 520.0	4 990.5	5 878.3	7 426 090.0	8 005.3	9 020.3	10 360.1

数据来源：economywatch.com 和 IMF。

同时，IMF 曾预测，2015 年美国 GDP 的增速为 3％（详见表 6-2），远远超过欧元区、日本、俄罗斯、巴西等诸多国家，可见美国作为世界第一经济强国的地位并未发生变化。

表 6-2 2007—2015 年主要国家经济增长率情况

单位:%

年份	2007	2008	2009	2010	2011	2012	2013	2014P	2015P
美国	1.8	−0.3	−2.8	2.5	1.7	2.8	1.9	1.7	3
欧元区	3	0.4	−4.4	2	1.5	−0.7	−0.4	1.1	1.5
日本	2.2	−1	−5.5	4.7	−0.6	1.4	1.5	1.6	1.1
英国	3.4	−0.8	−5.2	1.7	1.1	0.3	1.7	3.2	2.7
俄罗斯	8.5	5.2	−7.8	4.5	4.3	3.4	1.3	0.2	1
中国	14.2	9.6	9.2	10.4	9.3	7.7	7.7	7.4	7.1
印度	9.8	3.9	8.5	10.5	6.3	4.7	5	5.4	6.4
巴西	6.1	5.2	−0.3	7.5	2.7	1	2.5	1.3	2

数据来源:IMF world economy outlook(Apr.,2014),其中 P 为预测数据。

二、美国凭借强大的经济实力占据国际分工的顶端

美国凭借强大的经济实力,通过跨国公司主导全球化,对世界经济结构产生了深刻的影响。

一方面,美国通过大规模对外直接投资,将使用大量劳动力资源的制造环节转移到新兴经济体,国内则专注于知识密集型产业(高科技产业与金融业),经济增长动力呈现出虚拟化的特征。以中国为首的新兴经济体凭借劳动力成本优势,逐步成为世界制造中心,通过提供资源和产品加入全球生产链,实体经济凭借大量出口获得急速发展。

另一方面,美国在大力发展高科技和金融行业的同时,向资源提供国和产品制作国提供大量金融产品,实现资金回流,保证了本国经济发展(详见图 6-2)。

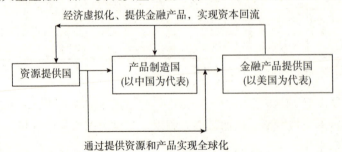

图 6-2 美国通过提供金融产品实现资本回流

在这种情况下，全球化以区域比较优势为考量，实现了全球性资源的有效配置，从而在客观上促进了全球经济的繁荣。

三、金融部门扩张成为国际分工下美国经济增长的必然选择

在上述全球化的国际分工下，转型后的美国经济增长主要依靠发达的金融体系支撑下的高科技产业，然而技术创新毕竟存在周期性，20世纪末互联网泡沫破灭后，美国国内高科技投资需求锐减，消费信心缺乏，技术创新短期内难以推动经济增长，导致美国国内实体经济内生性增长动力不足；再加上国内居民的低储蓄高消费习惯，国际收支贸易逆差不断积累。

在高科技投资需求不断下降的情况下，为了推动经济增长，并扭转贸易逆差，美国将激发内生增长动力的重要任务交给了金融业。对此，美联储实施较为宽松的货币政策，政府也在金融自由化的浪潮下放松了金融监管；美国通过大力发展金融业，在维持其经济霸权的同时，也通过向其他国家提供金融产品，实现资本回流，进而平衡贸易逆差。

由此可见，刺激金融部门发展是美国为了克服经济低谷的主动选择；而美国在全球经济中的绝对地位也使得这种模式得以实现并进一步加强。

第二节　美元中心地位为金融部门扩张提供了必要支撑

美元在国际货币体系中的中心地位为金融部门的扩张提供了必要支撑；特别是在布雷顿森林体系瓦解后，美元成为完全的信用货币，不再受黄金储备的限制，这就给美联储通过过度发行货币来获取世界资源提供了便利，也为其国内金融部门的过度膨胀提供了制度基础。

一、美元在国际货币体系的中心地位

第二次世界大战以后，在美国和英国组织下召开的布雷顿森林会议上，成立了美元与黄金挂钩、其他货币与美元挂钩的"双挂钩"的布雷顿森林体系。自此，确立了美元在国际货币体系中的主导地位。

布雷顿森林体系存在一个众所周知的缺陷，即"特里芬难题"[①]。一旦美国

---

① "特里芬难题"是指美元作为世界各国对外经济贸易、投资等经济活动的结算货币和储备货币，必须有足够的美元流出美国，也就是要求美国发生长期国际收支逆差；而美元作为国际货币的前提是必须保持美元币值的稳定，这又要求美国必须保持长期的国际收支顺差。这两个要求相互矛盾，因而形成一个悖论。

经济下滑，该体系将很难维持。进入 20 世纪 70 年代，随着美元危机的不断爆发，美国放弃兑换黄金的承诺，布雷顿森林体系正式瓦解，国际货币体系进入牙买加时代。

在该体系下，美元不再维持与黄金的固定官价，美元在国际货币体系中的主导地位似乎下降了；但实际上是美元取代了黄金的地位，直接成为世界财富的代表，其在国际货币体系中的地位得到进一步加强。

首先，美元作为国际储备货币的地位并未动摇。由表 6-3 所示 2007—2013 年主要货币在官方外汇储备中的占比情况就可以看出，即使经历了 2008 年的金融危机，美元在全球官方外汇储备中的占比仍超过 60%，远远超过排名第二，占比在 25% 左右的欧元。

表 6-3　2007—2013 年主要货币在官方外汇储备中的占比情况

年份	2007	2008	2009	2010	2011	2012	2013	2014 (1q)
美元占比	0.639	0.638	0.62	0.618	0.624	0.612	0.616	0.61
欧元占比	0.261	0.262	0.277	0.26	0.247	0.242	0.24	0.245
英镑占比	0.048	0.042	0.042	0.039	0.038	0.04	0.039	0.039
日元占比	0.032	0.035	0.029	0.037	0.036	0.04	0.039	0.04

数据来源：IMF COFER 数据。

其次，美元在 SDR 货币篮子单位中占据中心地位。SDR 是国际货币基金组织创建的账面国际储备单位，用于成员国在发生国际收支逆差时，向基金组织换取外汇，偿还逆差；还可以向黄金、自由兑换货币一样充当国际储备。SDR 货币篮子目前由四种货币构成，分别是美元、欧元、英镑和日元；所占权重分别是48.2%、32.7%、11.8% 和 7.3%；由此也可以反映出美元在整个国际货币体系中的重要地位。

再次，美元是外汇市场交易最大的币种。在外汇交易市场币种中，美元占据绝对的主导地位。2010 年 4 月，按双边统计，美元的份额在全球外汇交易中占据 84.9%。

最后，美元作为主要国际结算货币的地位也未动摇。SWIFT 最新的报告显示，2013 年 12 月，全球前五大支付货币中，美元依然占据首位，市场份额高达39.52%；排名第二的欧元紧随其后，占比为 33.21%；接下来分别是英镑排名第三，占比 9.13%；日元排名第四，占比 2.56%，加元排名第五，占比 1.90%。

二、美元的中心地位客观上要求美国实施宽松的货币政策

一方面，作为主要的国际储备和国际结算货币，全球对美元的需求大大增加，这在一定程度上要求美元应有充足的供给，进而在客观上要求美国增加美元供给，实施较为宽松的货币政策。

另一方面，美国也积极利用美元的特殊地位，为本国经济发展服务。由于取消了与黄金挂钩，美元的发行量不再受限于美元黄金储备的限制，可以根据美国国内经济发展的需要来决定。比如当美国出现国际收支逆差时，美国政府可以通过增发美元来进行对外支付，而不需要采取可能危及国内就业和增长的紧缩政策；其他国家的顺差只会增加其美元债务，但是因担心美元贬值不敢轻易减持美元债务。

在以中美为代表的国际分工中，中国凭借大量的出口积累了巨额的贸易顺差，而美国需要通过大量进口满足国内消费进而积累了大量的贸易逆差。根据国际收支平衡理论，当一个国家长期出现贸易逆差时，短期应通过货币贬值改善出口，长期应该通过经济增长改善出口。但是，美国凭借其货币的特殊地位，在没有贬值的情况下，依然实现了国际收支平衡。

具体来说，美元可以在不贬值的情况下，通过增加货币发行量来实现廉价的进口，并为本国金融部门的发展提供充足的资金支持；而金融部门在这个过程中也得以快速发展，充足的流动性带动金融产品不断升值，成为全球投资者争相购买的对象。就这样，美国通过向全球投资者出售不断升值的虚拟金融产品成功吸引美元回流，再次为本国经济增长和金融部门发展提供资金支持；形成了贸易逆差、发行美元、出售金融产品、美元回流、消费繁荣、贸易逆差加大的恶性循环（见图 6-3）。

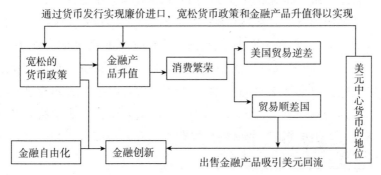

图 6-3 美元中心地位促进了金融部门的创新和发展

于是，美国人可以在自己几乎没有任何储蓄甚至在巨额负国民储蓄和巨额外债的条件下，用不断扩大贸易逆差的办法来维持国内的过度消费。之后再通过出售国债等金融产品的方式让美元回流，用以对外投资和支付。据统计，从 2001 年到 2007 年，流入美国的资金竟高达 95 736 亿美元。[①]

因此，美元的中心地位在支持美国实施宽松货币政策的同时，也为本国金融部门的急剧扩张提供了重要的支撑。

第三节　国际金融组织中美国的绝对话语权为金融部门扩张提供了有力保障

布雷顿森林体系下建立的国际货币基金组织（IMF）和世界银行是当前主要的国际金融机构，美国在这两大国际金融机构中有绝对的话语权。因此，在对外贸易和交往中，美国往往为了自身利益实施强硬的单边主义，进而确保美元的霸权地位，这也为金融部门的扩张提供了有力保障。

一、美国在国际货币基金组织中的绝对话语权

国际货币基金组织从建立到后续的运行和决策都受到美国意愿的主导。

首先，美国对国际货币基金组织的控制体现在投票权上。IMF 重大问题的决议需获得总投票权 85% 的多数才能通过；美国在 IMF 的投票权一直维持在 17% 左右，因此美国事实上享有一票否决权，而且只有美国才享有这一票否决权。这样的议事规则决定了在 IMF 美国享有绝对的发言权，即 IMF 的任何决策，都必须得到美国的同意。

金融危机爆发后，面对危机后改革国际货币基金组织的呼声，美国顺势主导改革方向，适当增加新兴国家的份额；但是实际上这些调整并未撼动美国的绝对话语权。在 G20 峰会的多次推进下，IMF 份额改革进程加速。经过多次协商，2010 年 10 月，G20 财长和央行行长庆州会议上，关于 IMF 份额改革达成一致意见，首先，发达国家向代表性过低的新兴市场和发展中国家转移超 6% 的投票权，使后者总体份额升至 42.29%；其次，欧洲国家将让出两个执董席位给发展中国家；再次，"金砖四国"的份额都将有所提升，全部进入前十名；最后，中

---

① 肖逊、李梦遥、石艾. 低碳"虚拟经济品"对美国经济的影响［J］. 广义虚拟经济研究，2010（4），71－72.

国持有份额将从 3.72% 升至 6.39%，成为 IMF 第三大股东国。

但是截至 2014 年 8 月，主要国家持有 IMF 份额和投票权自 2013 年 6 月以来并未发生任何变化，从表 6-4 中可以看出美国的投票权和份额比例仍使其有绝对的话语权，其在 IMF 中的地位并未发生根本性变化，其一票否决权依然存在。

表 6-4　2014 年 8 月 IMF 份额和投票权持有情况

单位：%

国家	份额比例	投票权比例
美国	17.69	16.75
日本	6.56	6.23
德国	6.12	5.81
英国	4.51	4.29
法国	4.51	4.29
中国	4.00	3.81
意大利	3.31	3.16
沙特阿拉伯	2.93	2.80
加拿大	2.67	2.56
俄罗斯	2.50	2.39
印度	2.44	2.34
巴西	1.79	1.72

数据来源：IMF。

其次，美国对国际货币基金组织的控制体现在行政官员任命上。IMF 总裁选任往往是由美、日、欧这些国家相互协商决定的，事实上，IMF 总裁的头衔总是落在欧盟成员国所欣赏的候选人中。为了维持这种任命的"平衡"，副总裁按照惯例通常由美国人担任。通过这样的方式，美国意愿全面渗透到 IMF 的决策中，使美国的经济金融利益得到最大的延伸。

二、美国在世界银行的绝对话语权

世界银行的投票权和机制与 IMF 相同，投票权分为基本票和份额票（又称加权票）。这种分配方式属于混合分配，即"各成员国都拥有数量相等的基本票——250 票，这体现了主权国家平等原则。而份额票的数量与认购份额的数量成正比，每认购 10 万美元（以 1944 年美元价值计量）增加一个投票权"。所以可以得出，成员国在世行中的地位主要由其经济实力决定，因为经济实力愈强，认购能力愈强。投票机制也是由各国上交资本决定的，任何重要的决议必须由 85% 以上的表决权决定。在成立之初，世界银行的投票权分配机制就缺少基本的公平性，少数几个发达国家掌握了大多数投票权；其中美国更是"一股独大"。

从表 6-5 2011 年世界银行主要成员投票权和 GDP 排名就可以看出，世界银行投票权基本和各成员国的 GDP 排名一致；截至 2011 年，美国在世界银行的投票权为 16.03%，这就意味着其在 IMF 的一票否决权，在世界银行也可以实现。

但是从表 6-5 我们还可以看出，GDP 排名第二的中国却没有获得相应的投票权，其占比仅为 2.72%，排名 11。由此可见世界银行的投票权完全向发达国家，尤其是美国倾向，基本无视新兴发展中国家。

表 6-5　2011 年世界银行主要成员投票权及 GDP 排名情况

国家	投票权（%）	投票权排名	GDP（10⁹ 美元）	GDP 排名
美国	16.03	1	14 526.55	1
日本	9.59	2	5 458.797	3
德国	4.39	3	3 286.451	4
英国	4.21	4	2 250.209	6
法国	4.21	5	2 562.742	5
加拿大	2.72	6	1 577.04	10
意大利	2.72	7	2 055.114	8
俄罗斯	2.72	8	1 479.825	11
沙特	2.72	9	448.36	23
印度	2.72	10	1 631.97	9
中国	2.72	11	5 878.257	2

数据来源：IMF 和世界银行。

注释：考虑到中国的情况，取前 11 名。

金融危机后，对世界银行的改革的呼声也是持续高涨。尽管新兴市场和发展中国家的投票权上升了 3.13% 达到 47.19%，特别是中国的投票权从 2.72% 提高到 4.42%，跃居第三位。但是一方面这些改革具体落实还有待时日；另一方面这些改革也并未改变美国在世界银行的一票否决权，因此美国对世界银行的决策仍起到决定性作用。

三、国际绝对话语权支撑美国强硬的单边主义

美国在国际金融组织中的绝对话语权，使其对外交往中实施强硬的单边主义，以此为本国经济发展服务，并逐步强化其在全球经济中的绝对霸权地位。

单边主义主要体现在处理相关事务时，美国仅仅从自己的判断和自身国家的利益出发，而不是根据国际社会的需求和意见来做决定。单边主义最早是美国在冷战期间对抗苏联的外交战略，后来随着其霸权地位的加强，该战略便逐渐向经济领域延伸，代表性事件有著名的"广场协议"和大宗商品使用美元计价。

20世纪80年代初期，美国财政赤字剧增，贸易逆差大幅增长；与此同时，日本经济发展迅速，并取代美国成为世界上最大的债权国。在内忧外患的压力下，美国希望通过美元贬值来解决上述问题。于是在1985年9月，美国、日本、德国、法国及英国的财政部长和中央银行行长在纽约达成"广场协议"，诱导美元兑主要货币的汇率有序地贬值，从而解决美国巨额的贸易赤字问题。随后美元的大幅贬值并未改善美国的贸易赤字，但是对日本经济却产生了难以估量的影响，特别是以出口为主导的产业；随后日本政府的宽松货币政策，更是将日本经济推入泡沫经济的深渊。

确定美元作为石油的唯一定价货币也是美国在全球金融事务中采取单边主义的很好例证。石油输出国的进口和出口结构：1998—2002年，出口到美国的占22%左右，欧盟占21%左右；而进口中，石油输出国有37%的进口来自欧盟，来自美国的进口仅占14%左右[①]。因此，多样化的进出口计价货币对石油输出国更加有力，可以规避货币错配带来的经济波动，而全球石油定价和结算中的美元垄断地位仅对美国有利，促进其经济发展和国际地位的提升。

单边主义的实施，确保了美国的经济霸权和美元的中心地位，进一步为金融部门的快速发展提供了有力保障。

第四节 发达的金融市场为金融部门快速膨胀提供了适度的土壤

凭借发达的金融市场，在金融自由化各项政策的推动下，美国金融机构通过

---

① 数据来源参见：http://www.opec.org/opec_web/en/publications/338.htm。

金融创新，在缔造了华尔街神话的同时，也攫取高额利润。对高额利润的贪婪，促使金融机构不断创新，在美元这个主导国际货币的支持下，最终导致美国金融部门过度创新，并急剧膨胀。

一、美国发达的金融市场吸引了大量资金

美国拥有全球最发达的金融市场，不论是在外汇交易、证券交易，还是黄金交易上，美国都占据重要的地位，这为其吸引资本投资提供了巨大的便利。

首先，美国纽约是全球三大外汇交易中心。2010 年，全球外汇交易份额中，纽约的市场份额从 2007 年的 17％上升至 18％，美元仍然是主要的交易币种。

其次，美国证券市场得益于两次产业革命，在为大型企业提供融资的同时，自身也快速发展起来；20 世纪 30 年代大萧条结束后，美国证券市场经过政府立法监管和控制，进入规范发展阶段，之后迅速发展成世界最大的证券市场；证券市场投资品种十分丰富，有证券和股指（如道琼斯指数、标准普尔 500 指数等）的现货、证券和股指的期货及期权、可转换债券、信托凭证（ADRs）等品种，为全球投资者提供了丰富的金融产品。

再次，美国有全球证券交易量、股票市值、股票市场融资规模最大的交易所——纽约证券交易所。全球证券交易量上，纽约证券交易所 2002 年的证券交易额就为 10.3 万亿美元，占全球证券交易量的 77％。全球股票市值上，纽约交易所集团美国区（NYSE Euronext US）、纳斯达克（NASDAQ OMX）分别位居全球五大交易所的第一和第二；2010 年在全球股票市值中所占比重分别为 24.4％和 7.1％。全球股票市场融资规模上，纽约证券交易所仍位居全球首位，2010 年在全球股市总融资额中的比重为 21.5％；在全球股票成交规模上，纽约交易所在 2010 年也当仁不让地占据了 28.2％的比重。

最后，美国在国际债券市场、黄金市场也占据重要份额。国际债券市场上，据 BIS 统计，2010 年 6 月末，全球债券市场债券未清偿余额为 89.28 万亿美元，其中美国、英国、德国、荷兰、法国和西班牙发行的国际债券未清偿余额在全球排名前六位；黄金现货、期货交易中，纽约商业交易所（NYMEX）、东京工业品交易所（TOCOM）和印度多种商品交易所（MCX）是全球主要黄金交易所；纽约和芝加哥在商品期货市场也占据绝对领先地位。

二、美国实力雄厚的银行业促使银行规模持续扩大

除了发达的证券市场，美国银行业在全球也处于遥遥领先的地位，拥有多个

大型的实力雄厚的银行集团。2011 年 7 月，英国《银行家》杂志公布的全球 1 000 家大银行排名数据显示，按一级资本排位的全球千家大银行中，美国银行、J. P. 摩根、花旗银行和富国银行均进入前十名，其中美国银行一级资本额为 1 636 亿美元，位居全球第一位。

20 世纪前美国银行业发展环境较为宽松，大萧条过后，美国对银行业进行了较为严格的监管，很多小银行纷纷倒闭，许多银行通过合并、兼并的方式逐步扩大自身规模，成为实力雄厚的银行集团；此外，伴随着新型金融机构的发展，这些实力雄厚的银行集团不断创新发展来争取市场份额，比如通过银行控股公司扩张，通过金融创新实施负债管理等。与此同时，证券市场蓬勃发展，许多大型商业银行纷纷从传统银行业务转向投资证券市场和房地产市场以获得高额利润。

从第三章美国金融体系发展历程就可以看出，商业银行通过金融创新和投资证券市场，整体资产规模不断扩大，进一步带动金融部门的发展和规模扩张。

三、美国占据全球信用评级机构的顶端促使金融部门过度创新

适度的金融创新将有效促进交易效率的提高，因此美国金融部门初期的金融创新确实便利了交易，促进了经济增长。但是，美国金融机构的金融衍生产品在信用评级机构的推荐下，迅速被全球投资者争相购买，使得金融机构不计代价地过度创新。

信用评级机构是金融市场上一个重要的服务性中介机构，它是由专门的经济、法律、财务专家组成的，对证券发行人和证券信用进行等级评定的组织，其对证券做出的评级是投资者进行投资的重要参考。国际上公认的最具权威性的专业信用评级机构只有三家，分别是标准·普尔公司、穆迪投资服务公司和惠誉国际信用评级有限公司，其中标普和穆迪来自美国，惠誉属于法国。这三大信用机构在进行信用评级的时候，过于维护美国的利益，进一步助长了美国金融部门的过度创新和膨胀。

一方面表现在信用评级机构进行评级时，过分强调政治因素，而不是证券本身的差别。比如按照政治经济理念对国家的政治排序，把人均 GDP 作为重要的参考，在这样的评级体系下，只要是美国发行的证券就可以获得较好的评级。另一方面，闭门造车，用推理数据做出判断，同时为维护美国的霸权地位，对威胁其地位的国家给予较低评级，比如无视中国国家最权威的调查数据，而仅根据中国银行系统一项，就"预计不良贷款规模占总贷款规模的比例可能会升至 8%～12%；按照人民币贷款余额 50 万亿元计算，中国银行业不良资产规模将达 4 万

亿～6万亿元，吞没全部银行资本金"（穆迪），因此做出"做空中国"的判断；金融危机爆发后，还不断"做空"欧洲，为美国债务危机争取时间和资金。

这也就能解释为什么2008年危机爆发前，三大评级机构还给予美国国际公司及其衍生次贷产品"AAA"的最高评级。三大国际信用评级机构的政治倾斜在维护美国霸权地位的同时，也进一步助长了美国金融部门的贪婪和盲目扩张。

四、自由经济下华尔街模式带动金融部门过度扩张

20世纪70年代以来，美国为摆脱经济滞涨，开始实施金融自由化政策，主要表现为对金融机构的管制放松，对储蓄机构、商业银行业务管制放开，允许这些机构从事高杠杆、高风险金融业务，推动了金融混业；允许和推动了证券化和金融衍生化创新的发展，由传统证券化，发展到高杠杆、高风险的金融衍生品，风险/收益进行再分配，使风险通过证券化机制渗透到金融链条的各个层面。

这其中，1999年《金融服务现代化法》允许银行控股公司通过设立子公司的形式经营多种金融业务，如存贷款、证券承销和经纪以及保险、经济咨询等，对金融部门扩张影响最大。尽管在这个过程中，美联储也相应修改了监管机制，但是对投资银行和非银行金融机构的监管存在严重漏洞，金融创新的复杂性、交易缺乏透明度都使得监管的能力和经验难以跟上金融创新的脚步。

因此，金融自由化的本质可以说是全面的资产证券化和更复杂的金融衍生化，并允许包括储贷机构在内的金融机构以高杠杆从事证券化和金融衍生品交易。从事证券化产品和衍生品交易的金融机构为获得更高的利润，需要吸收更多的资金支持，会进一步推高杠杆化率，不断促使金融机构推出更多、更复杂的金融创新产品，金融自由化就在这个机制下走向极致。

于是，金融机构依靠极低的利息，并不断推高房地产价格，在推高基础资产价格的同时，也不断推高金融衍生品价格；高杠杆机制使得华尔街金融机构攫取了大量利润，其模式引发其他国家金融机构竞相效仿。

在这个过程中，美元在国际货币体系中的中心地位以及国际信用评级机构再次为金融机构的贪婪提供了强有力的支撑；贸易逆差中流出的美元，因为没有更好的投资途径，只能选择投资美国金融产品；而此时各类被高估的金融衍生产品因为国际信用评级机构的高等级评级，成为全球投资者的首选，于是美国可以依靠以高杠杆的虚拟经济支撑经济增长，金融部门在攫取高额利润的同时，更加狂热地设计和出售金融衍生产品，最终导致金融发展过度问题。

第五节 小 结

美国在全球经济中的特殊地位是美国金融部门过度发展不可回避的原因。首先，在实体经济投资需求动力不足的情况下，金融部门必然成为美国维系其经济霸权的首要选择：一方面其在金融领域有较强的比较优势，另一方面通过发展金融行业推动经济增长成本比较低。其次，美元在国际货币体系中的中心地位为美国金融部门的发展和扩张提供了必要的支撑，主要表现在：在面临国际贸易逆差时，美国可以通过无成本发行美元，推动金融资产价格，然后将金融产品出售给其他国家的投资者来实现美元回流，进而支撑本国的高消费；可以说美元的特殊地位，为美国通过发展金融部门实现经济增长提供了强有力的支撑。再次，美国在国际金融组织中的绝对话语权也为美国的霸权地位提供了有力保障，进而确保了美国可以仅通过发展金融部门就能实现长期增长的梦想。最后，美国金融自由化政策下的华尔街模式为金融部门的快速膨胀提供了适度的土壤，发达的金融市场、权威的国际信用评级机构，再加上监管的放松，使得华尔街金融机构可以通过不断设计并出售金融衍生产品，就可以从全世界攫取高额利润；人性的贪婪在碰到适度的土壤时，被华尔街发挥到极致，美国金融部门就在各种创新中不断膨胀。

第七章 美国金融发展过度的原因：实证分析

从影响金融发展因素的相关文献中可以看出，经济因素、法律因素和社会因素等都会对金融行业的发展产生影响。本章分别从宽松的货币政策、监管放松以及金融业自身性质三个方面研究美国金融发展问题，最后进行简单的实证验证。

第一节 引 言

可以说，美国金融过度发展是外因和内因共同作用的结果。

从外部原因看，首先，美元在国际货币体系中的特殊地位为美元的过度发行提供了支持，特别是在布雷顿森林体系瓦解后，美元成为完全的信用货币，不再受黄金储备的限制，这就给美联储通过过度发行货币来获取世界资源提供了便利，也为其国内金融部门的过度膨胀提供了制度基础；其次，在全球化国际分工中，以中国为首的新兴国家凭借强大的劳动力成本优势，在全球产业链中逐步成为制造中心，在促进全球经济繁荣的同时，也使得美国可以通过向全球提供金融产品实现资本回流来平衡贸易逆差，在这种背景下，美国开始主要依靠发达的金融体系支撑经济增长，经济虚拟化程度逐步加强。

当然，美国金融发展过度更多的是由其自身经济模式造成的。互联网泡沫破灭后，美国国内高科技投资需求下降，实体经济投资需求也严重不足，为带动经济增长，政府最终选择通过提升资产价格的方式刺激消费需求，该模式被许多学者称为"资产经济"模式（陈晓亮等，2011）。由于股市在互联网泡沫破灭后一蹶不振，政府将目光投向房地产市场，通过廉价的货币不断推高房地产价格，增加家庭财富，促进消费带动经济增长。这种"资产经济"模式导致房地产信贷快速增长，在资产证券化的推动下，带动美国金融部门急剧扩张。

而在这个过程中，宽松的货币政策、监管当局的政策放松以及金融业对自身利益的追逐都起到了重要的推动作用。

第二节　宽松的货币政策为金融部门发展过度 提供了充足的流动性

虽然格林斯潘 2008 年 4 月撰文否认美国房地产信贷扩张以及房地产泡沫与货币政策有关（Greenspan，2008），然而评论界对此一直有不同看法。早在格林斯潘退休前的 2005 年的堪萨斯州美联储年会上，人们在肯定他长期主政美联储所做贡献的同时，就对宽松货币政策刺激房地产泡沫的作用，提出了警告和批评（Sing，2008；Torres 和 Fraher，2008）。

一、美联储 20 世纪 90 年代的货币政策

20 世纪 90 年代后期以来，美联储短期利率大体经历了四个阶段：第一个阶段是为应对 90 年代后期经济扩张和 IT 股市非理性繁荣，把联邦利率维持在 5%～6% 的较高水平；第二个阶段是 2000 年 1 月 3 日至 2003 年 6 月 25 日期间，利率经过 13 次下调，从 6.5% 降至 1.0%，并一直维持到 2004 年 6 月，历时一年的时间；第三个阶段是 2004 年 6 月 30 日至 2006 年 6 月 29 日，美联储又连续 17 次升息，将利率提升至 5.25%；第四个阶段是 2007 年 7 月，为应对危机，美联储再次大幅降息。

将 20 世纪 90 年代后的美联储货币政策放在一个较长的历史时期考察其特点。首先，对 1954—2011 年美联储 12 次降息的水平和幅度做一个简单的比较，详细情况见图 7-1 和图 7-2。

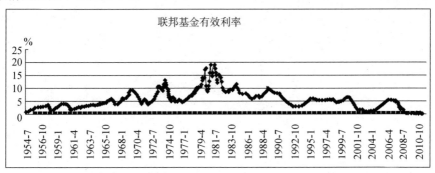

图 7-1　美国联邦基金利率（1954 年 7 月—2011 年 7 月）

数据来源：美联储，http://www.federalreserve.gov/releases/h15/data.htm#fn3。

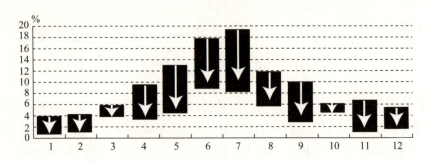

图 7-2　1954—2011 年美联储 12 次降息起止点对比情况

数据来源：美联储，http://www.federalreserve.gov/releases/h15/data.htm#fn3。

从降息的绝对水平看，21 世纪初降息的绝对水平约 5.5%，在 12 次降息中并不突出；从降息的最低位来看，21 世纪初降至 1%，并维持了一年的时间，是 1963 年至危机爆发前最低的一次。可以说，21 世纪初降息的绝对水平并不大，主要是最低水平较低，同时相对幅度较大。

互联网泡沫的破灭将美国经济从超常繁荣带入衰退，而"9·11"恐怖袭击进一步加重了经济下行风险，美联储通过降息来刺激经济发展似乎十分合理。但是我们要考察的是，这样的货币政策是否过于宽松，过低的利率对信贷市场，特别是房地产信贷是否有推动作用。

因此，接下来要考察的是货币政策是否宽松的问题。有两个指标可以用于衡量该问题，一是实际利率是否呈现较长时期的负利率状态，二是用"泰勒规则"作为参照进行考察。通常情况下货币当局应尽量避免实际利率长期偏离自然水平，特别要注意避免出现长期负利率。

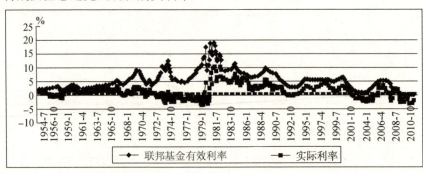

图 7-3　美国联邦基金利率以及实际利率（1954 年 7 月—2011 年 7 月）

数据来源：实际利率由当月联邦基金利率经 12 个月后 CPI 同比增长率平减计算。联邦基金利率来自美联储，CPI 数据来自 Bureau of Labor Statistics of US。

从图 7-3 可以看出，采用美国整体 CPI 对联邦基金利率进行平减后得到的实际利率在 2004 年前后的三年时间里均为负值，而负利率绝对值最高时超过 3%。负利率意味着，借款人无须承担借贷成本，反而会从借贷中获得财务补贴，这种违背经济学原理现象的长期存在，势必对经济运行和金融发展造成严重扭曲。

接下来再使用"泰勒规则"对美联储货币政策进行考察。美国经济学家泰勒对美国等发达国家 20 世纪 80—90 年代的货币政策进行了深入研究，提出了著名的"泰勒规则"（Taylor & Loungani，2008）。具体公式表示如下：

$$r = r^* + a(p - p^*) - b(y - y^*)$$

其中 r 代表政策利率，r^* 是名义目标利率；p 是现实的通货膨胀率水平，p^* 是设定的通货膨胀率目标；y 是实际经济增长率，y^* 是自然失业率下的潜在经济增长率；a，b 是系数。泰勒规则的基本意思是，中央银行的理论调节受到两个因素的限制，第一个是现实通货膨胀率与设定的通货膨胀率之间的偏离，第二个是实际经济增长率与潜在经济增长的偏离。

在对长期宏观变量分析的基础上，泰勒进一步给出美联储短期利率调节的经验方程式：

$$r = p + 0.5(p - 2) + 0.5(y - 2.2) + 2;$$

其中各字母代表的变量同第一个公式。在利用第二公式进行估计时，一般设定目标通货膨胀率为 2%（Taylor，1993），假定潜在增长率为 2.2[①]。

我们使用第二个公式，采用 1954—2011 年实际 GDP 增长率的算术平均值 3.2% 作为潜在经济增长率；现实的通货膨胀率使用通货膨胀数据，经济增长率采用不变价格 GDP 增长率表示，得出名义利率与"泰勒规则"目标名义利率的差额情况。

从图 7-4 可以看出，20 世纪 90 年代政策利率长期低于"泰勒规则"目标利率，进入 90 年代中后期，两者比较接近；进入 21 世纪后，美联储联邦利率长期低于"泰勒规则"目标利率，2004 年前后，偏离值一度高达 3.82%。

总之，无论是从实际利率角度，还是使用"泰勒规则"衡量，21 世纪初的美联储货币政策都过于宽松。

---

① 2.2 的潜在增长率是 1984—1992 年美国 GDP 实际增长平均值的简单估计。是假定均衡实际利率或自然利率为 2%，这一均衡值被认为"与 2.2% 的稳态增长率大体一致"，可以看作是奥地利学派理论倚重的"自然利率"的简单估计。

图 7-4　联邦基金利率与"泰勒规则"利率的对比情况（1954—2011）

二、宽松的货币政策为金融市场提供过量的流动性

宽松的货币政策使得美国货币供应量大幅提高，20 世纪 90 年代前期，美国货币供应量 M2 的增长幅度相对较为缓慢，从 1990 年年底的 3.2 万亿美元，逐步上升至 1998 年的 4 万亿美元左右；之后呈现大幅上涨趋势，到 2007 年已经飙升至 7.5 万亿美元。

充足的流动性促使银行增加信贷发放，从图 7-5 可以看出，20 世纪 90 年代，美国信贷总量出现小幅上涨，遭遇 2000 年互联网泡沫的破灭后有小幅下降；但是在美联储出台一系列降息措施后，信贷总量便直线上升，从 2000 年的 1.7 万亿美元，上升至 2007 年的 4.4 万亿美元，上涨幅度甚至超过了 M2。

随着信贷规模的增长，市场中的流动性更加充足，在美国实体经济并未出现明显增长，以及互联网泡沫破灭带来股市崩溃的影响还未完全消退的情况下，这些充足的流动性开始不断涌向房地产部门。从图 7-5 可以看出，进入 21 世纪后，家庭住房抵押贷款数量急剧增加，特别是在 2004 年前后，即美联储联邦利率维

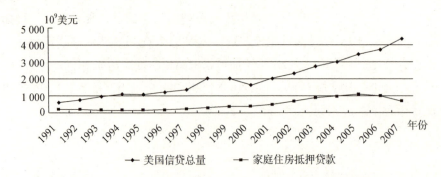

图 7-5　1991－2007 年美国信贷市场总量及家庭住房抵押贷款情况

数据来源：美联储，http://www.federalreserve.gov/releases/z1/20060309/。

持在 1％的低点时，美国家庭住房抵押贷款一度飙升至 1 万亿美元。抵押贷款在经过投资银行和其他金融机构打包证券化后，再次进入市场，极大地推动了美国金融规模的扩张。

三、美联储定量宽松政策的影响分析

金融危机爆发后，为挽救经济，美国实施持续的量化宽松货币政策。自 2007 年 8 月起，美联储连续 10 次降息，政策利率从 5.25％下降至 0～0.25％的目标区间；此后，美联储又连续 12 次降低贴现率，累积下调 525 个基点，降至 0.5％。之后通过创新金融工具和挽救受困机构不断向市场释放流动性。在金融市场稳定后，面对经济复苏迟缓和失业率居高不下的状况，美联储又分别推出了两轮量化宽松政策。

和危机前市场流动性最初多增加在家庭部门不一样，危机后美国金融市场增加的流动性很大一部分流向了政府部门，导致美国政府信贷余额不断高涨，债务问题凸显。从图 7-6 可以看出，2007 年后，美国联邦政府债务余额迅速从 5 万亿美元上升至 2012 年的约 14 万亿美元。

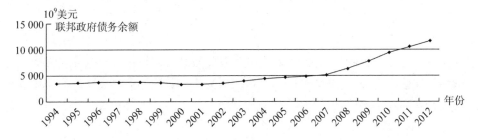

图 7-6 1994—2012 年美国联邦政府债务余额情况

数据来源：美联储，http://www.federalreserve.gov/releases/z1/20060309/。

长期宽松的货币政策使得通货膨胀预期不断加强，但是美联储主席伯南克在研究大萧条的经验后，认为应该将避免衰退和通货紧缩置于比通货膨胀更为优先的目标上。1936 年中期，美国经济已经从大萧条中基本复苏，美联储开始担心超常规的超额准备金数量可以导致银行信贷的大幅上涨，开始分三个阶段提高法定存款准备金率，结果利率提高导致货币供应量下降，使得经济再次陷入衰退，随后推出的财政紧缩政策，一度使得美国的失业率飙升至 18％。鉴于上述经验教训，美联储并不急于回收流动性；过量的流动性在家庭和企业无法消化时，势必进一步流向政府或者其他资产价格上，引发新一轮的泡沫。

第三节　监管政策的放松为金融过度发展提供了温床

合理的金融政策和适度的金融监管是金融稳定发展的前提，监管过松或者过紧都不利于金融业。1999 年 11 月，美国国会通过《金融服务现代化法》，取消了银行业、保险业和证券业之间的限制，突破美国分业经营框架，商业银行进入混业经营时代①；而 1994 年的《瑞格尔－尼尔法案》正式结束了跨州经营和设立分支机构的限制。自此美国金融业彻底摆脱了市场准入和产品经营的限制，进入监管放松的发展阶段。

本节重点选取了五个政策，详细分析这些政策的变动给金融业带来的影响，包括 SEC 关于信用评级机构的政策、联储允许银行通过信用掉期业务减少其缓冲资本的政策、SEC 和联储关于 OTC 衍生品的政策、SEC 关于综合监管主要投资银行的政策以及政府关于两大房产机构的政策。

一、SEC 关于信用评级的政策导致证券过度发行

为考察政策变动带来的影响，首先来看信用评级在全球信贷资产证券化过程中的作用。全球的金融机构之所以会选择购买抵押贷款支持证券，是因为信用评级机构的评估报告显示，这些证券是安全的。那么接下来的问题就是，为什么金融机构及其他投资者对信用评级机构的评估深信不疑呢？信用评级机构的评估何时变得如此重要？

其实 20 世纪 70 年代前，信用评级机构并没有如此重要，他们的主要业务是给那些濒危的机构做资产评估，然后将报告出售给收购者。由于这些机构的预测性较差，21 世纪之前，他们的业务量很小（Partnoy，1999）。

信用评级机构的地位在 1975 年迎来了转变，SEC 成立了所谓的"全国认定的评级组织"（NRSRO），并将其授权给大型信用评级机构；而且 SEC 在对金融机构实施监管时，主要依靠信用评级机构的评估结果。随后，来自全世界的银行监管者、保险监管者、联邦政府以及地方代理结构等，都开始使用信用评级机构的评估结果，信用评级机构的业务量大增。

---

① 早在《金融服务现代化法》颁布之前，1970 年的《银行控股公司修正法》就放松了对银行控股公司经营业务的限制；1980 年的《存款机构解除管制和金融控制法案》取消了 Q 条款；之后还以"个案处理"的方式准许 J. P. 摩根从事债券承销业务等，可以说上述一系列放松都是监管层对市场力量的妥协。

NRSRO 的角色也从出售信用评级报告给收购者转变为出售给证券发行者，后者通过购买 NRSRO 的评估服务，来保证其证券的销售量。Partnoy（1999）进一步指出 NRSRO 并不是简单地提供评估服务，实质上是向证券发行者出售执照，因为如果没有 NRSRO 的评级，市场将不会购买这家企业的证券。在这样的情况下，证券发行者就有动机支付更多的服务费从而得到更高的信用评级，从而可以更高的价格出售更多的证券。而证券评级机构也可以通过提高信用评级等级，获取更多的客户。最重要的是，短期错误评级并不会影响信用评级机构的盈利。他们还声称，评级结果只是一个意见而已，受到言论自由的保护，无须对此承担相关责任。

可以说，金融监管机构给予信用评级机构的特权和保护打破了市场自律规则，信用评级机构受到的市场约束较少，在监管当局保护下没有同类竞争者，其独特的地位为其赢得了令人惊讶的利润。举例来说，2000—2007 年，穆迪的营业收入占总收入的 53％，而同期微软和谷歌的营业收入仅占总收入的 36％和 30％。

在这样的背景下，信用评级机构利用特权，开始为证券发行操作提供咨询服务，指导发行机构如何打包以获得更高的评级，进而推动了资产证券化进一步扩张，相关产品也呈爆炸式增长。

二、SEC 关于加强衍生品交易透明度的政策导致监管无作为

为增加市场的透明度，美国商品期货交易委员会在 1998 年 5 月颁发了一份名为"概念发布"的报告[1]，呼吁提高场外衍生工具的透明度，包括更多的信息披露、记录维护以及控制欺诈，交易所强调并不控制衍生品交易市场，但是需要提高交易的透明度。

对此美联储、财政部和证券交易委员会的反应是迅速的，他们关闭了商品期货交易委员会，暂停了其六个月发布消息的权力。还成立了金融市场工作小组，由财政部主席、美联储主席、证券交易委员会主席、商品期货交易委员会主席组成，对 OTC 场外衍生品交易市场进行了初步研究。最后他们共同说服国会通过《2000 年商品期货现代化法案》，成功地帮助 OTC 衍生品市场，当然包括 CDS 市场，逃脱政府的监管。

---

[1] 由当时的委员会主席布鲁克斯利·伯恩发表，提出了 CDS 监管方式的问题。

三、允许银行通过掉期业务减少资本准备的政策导致衍生金融工具过量发行

有学者指出，CDS 的大量发行源自 1996 年美联储关于银行可以使用 CDS 来减少资本储备的政策决定（Tett，2009，p. 49）。他们认为，由 CDS 的出售者承担风险，购买者无须再次承担风险。这样，作为类似于保险合同的创新金融工具 CDS，购买者无须知道证券的运行情况，引用一个经常提到的比喻，购买 CDS 就像是为您邻居的房子购买保险。此外，CDS 本身并不是保险合约，所以并不受保险产品监管条例限制，因而在没有监管的 OTC 市场上交易。

不受监管的 CDS 在 20 世纪 90 年代中后期得到快速发展，除了投资银行利用 CDS 扩张规模外，众多商业银行纷纷发行 CDS，作为减少资本和投资的工作。比如，一个拥有 100 亿美元典型商业贷款的银行，可以通过用 2 亿～8 亿美元的小额费用购买 CDS 来减少其资本储备（Tett，2009，p. 64）。截至 2007 年，美国几家大型商业银行已经购买了价值 7.9 万亿美元的 CDS。

可以说，美联储的这项政策，刺激金融机构为提高市场规模和收益不断参与衍生品的发行和交易，导致金融衍生工具规模大幅增长。

四、SEC 对投资银行的监管政策鼓励其经营高风险业务

2004 年，SEC 免除五大投资银行净资本规则管制[①]，允许投资银行使用自己的计量模型来评估资产和风险，然后计算合理的资本水平。因此，投资银行可以通过发行更多债券购置高风险债券，并将自身资产投资于风险证券。因此在 2004 年以后，投资银行的杠杆率一度飙升，但是在自身的计量模型下，这些投资银行仍持有充足的资本缓冲准备。

随后，SEC 又颁布了一个规则，使得五大投行成为"单一监管实体"（CSEs），即 SEC 监管和考核的是整个金融企业。举例来说，SEC 现在需要对控股公司、经纪公司以及其他分支机构进行整合管理，其中其他分支机构，包括海外注册的经纪公司和银行以及不受监管的衍生工具交易商（Colby，2007）。

实际上，由于这些金融机构的规模和复杂性，对 CSEs 进行统一监管是项艰难的工作。对此，SEC 的主席承诺将雇用高水平的监管者去评估投资银行活动的风险。但是事实上，SEC 只有七个人检查投资银行的母公司，而这些公司的资产

---

① 该条例 1975 年颁布，用于限制和要求交易商应该持有的最低资本率。

规模高达 4 万亿美元。2005 年以后，新任总裁关闭了风险管理办公室，因此在这些主要投资银行倒闭前，这些监管机构并未对投资银行进行过一次单独的考察（Labaton，2008）。

免除投资银行的最低资本金要求，再加上实际监管的无作为，给投资银行进行更大风险和更高杠杆操作以巨大的鼓励和支持。投资银行为赚取高额利润，开始更加频繁地推出创新金融工具，向全球兜售证券化产品。

五、美联储等机构对两房的政策导致次级贷款数量增加

为了方便房地产融资，美联储成立了房利美和房地美。他们从银行和抵押公司购买抵押贷款，然后将其直接借给房产所有者，并将其打包成抵押贷款支持证券，在确保定期利息和本金支付的情况下，将 MBSs 出售给投资者。实际上，两房本身也购买和持有抵押贷款以及 MBSs，并通过提高抵押贷款在二级市场的需求和价格降低一级市场上房屋购买者支付的利率，从而有利于房屋所有者。

除了向房屋购买者提供服务，两房还利用自己的特权赚取利润。比如，两房可以低息借贷，其发行的债券享受政府补贴。因此，他们可以通过获得利息贷款，然后再出售高息抵押贷款来获利。但是两房的利润受抵押贷款市场规模的限制，同时在监管当局介入下，利润主要用于降低初级抵押利率，因此这个时期两房的利润并不高。

幸运的是监管当局和政策制定者帮助两房扩大了抵押贷款市场，并将对其的监管干预降至最低。1977 年通过的《社区再投资法案》①，目的是禁止对不发达地区的歧视性贷款。20 世纪 90 年代中后期，在社区再投资法案的推动下，监管当局开始实施定量引导，以增加中低收入地区的借贷。住房和城市发展部将相应压力转移给两房，允许其调整信贷标准来便利中低收入借款者，鼓励两房发放次级贷款。1991 年，两房计划拨出 1 万亿美元用于该计划，到 1994 年，两房已经决定拨出 2 万亿美元给中低收入借款者。

在监管当局的政策引导下，两房次级贷款数量不断增加。在 2005—2007 年，两房购买的具有次级特征的抵押贷款高达 1 万亿美元，后者又被投资银行打包再次出售，创造了数倍的资产证券化产品。

---

① 关于两个政策的研究详情请参阅：Barth et al.（2009），Joint Center for Housing Studies（2008），and Wallison andCalomiris（2008）。

|第四节　金融部门对自身利益的追求是其过度发展的根本原因|

如果说宽松的货币政策为金融部门的扩张提供了前提条件，监管当局的政策放松进一步为其扩张提供了温床，那么金融行业本身的非理性、逐利性、信息不对称性则是导致其过度发展的根本原因。

一、非理性是金融部门急剧扩张的本质原因

西方经济学的理性人假设强调，"经济人"在追求自身利益的同时，会在无意识中促使市场达到均衡状态，从而增进社会福利，实现资源最优配置。

现实并未如此，简单来说，人类的理性需要在一定制度保障下才能实现。在金融市场里，在投机浪潮的推动下，投资者非理性的一面被无限放大，最终将导致市场盲目扩张和混乱。即便单个经纪人是理性的，但是个人的理性并不等同于集体理性。从多次金融危机中就可以看出，理性人和市场的假设是错误的，金融市场本身的非理性最终将引致金融部门的过度膨胀。

非理性通常表现为市场参与者过度自信的"羊群行为"。比如，在宽松货币政策下，房地产市场价格开始走高，市场参与者因此获得了可观的利润；这时他们开始盲目地相信自身的投资技巧，认为自身有能力承担更高风险的投资，而放弃基本的风险对冲操作。但是事实上，他们的成功很可能只是一个巧合，或者说是在某个特定时间段才能实现的。投资者的成功，在投行大规模参与抵押贷款证券业务后，被无限放大，随着房地产价格不断上涨，投资者的收益不断增加，整个市场开始陷入"羊群行为"引导的投机浪潮中，市场交易量大升，市场规模持续扩张。

因此，金融行业本身的非理性行为是导致信贷急剧扩张，市场过度交易的本质原因。

二、金融部门的逐利性是其过度发展的内在动力

"资本是带来剩余价值的价值，其本性是逐利的。"（Marxism，1848）而作为金融中介的人格化代表，金融从业人员，特别是金融高管的薪酬在很大程度上影响着金融中介的决策和行为。2009年4月，作为利益相关者的高盛集团（GS）首席执行官的劳埃德·布兰克费恩（Lloyd C. Blankfein），就强调是华尔街金融高管的自私和贪婪导致美国金融部门非理性的自我膨胀，因此他呼吁监管当局加

强对这些高管薪酬的管理，制定新的标准约束其行为。

首先来看一下五大投行高管薪酬变化情况。从表 7-1 可以看出，2003—2006年，五大投行高管薪酬规模迅速扩张，以雷曼兄弟为例，2003 年，高管薪酬规模为 4 420 万美元，到 2006 年已经上升至 9 130 万美元，增幅达 107％；美林高管薪酬的增幅更为显著，从 2003 年的 7 270 万美元飙升至 24 690 万美元，增幅高达 240％；2007 年受金融危机影响，摩根士丹利、贝尔斯登、雷曼兄弟和美林高管薪酬急剧下降，高盛高管薪酬却大幅上升，从 2006 年的 16 540 万美元增长至 64 370 万美元，年增幅高达 289％。

表 7-1　2003—2008 年美国五大投行高管薪酬规模情况

单位：百万美元

年份	2003	2004	2005	2006	2007	2008
高盛	—	113.5	116.8	165.4	643.7	29.1
摩根士丹利	—	—	101.7	146.6	47.7	9.5
贝尔斯登	—	112.7	113.5	156		
雷曼兄弟	44.2	60.7	80.2	91.3	81.1	
美林	72.7	101.8	117.9	246.9	68.8	—

数据来源：高盛、摩根士丹利、贝尔斯登、雷曼兄弟、美林 2003—2008 年年报。

五大投行的薪酬模式是基本薪酬、奖金、股权期权、在职消费以及退休金等多种薪酬制的混合模式，其中主要部分包括基本薪酬、奖金和股权期权激励。由于基本薪酬在总薪酬中仅占较小的比例且相对稳定，因此接下来重点研究短期薪酬激励情况。

从表 7-2 可以看出，2007 年前，五大投行（除了雷曼兄弟外），短期激励的规模在整个薪酬总规模中的比重均出现大幅增长，其中高盛和美林增长最快。可见，五大投行高管薪酬设计中更加关注短期业绩。

表 7-2　2003—2008 年美国五大投短行期薪酬激励占比情况

年份	2003	2004	2005	2006	2007	2008
高盛	—	0.374	0.453	0.66	0.186	
摩根士丹利	—	—	0.278	0.281	0.587	0.582
贝尔斯登	—	0.363	0.46	0.46		
雷曼兄弟	0.43	0.485	0.48	0.234	—	
美林	0.536	0.332	0.42	0.956	0.922	—

数据来源：高盛、摩根士丹利、贝尔斯登、雷曼兄弟、美林 2003—2008 年年报。

短期薪酬比重的增加，无疑助长了五大投行经理人的短期行为，他们更加关注企业短期内业绩的提升，而不是关注企业长期的发展，因此更多地投资到高风险的衍生品交易中，进一步加剧了金融市场规模的扩张。金融部门的自我膨胀不仅给金融从业人员带来丰厚的薪酬收入，也使得金融资产的收益率和整个部门的利润率快速上升，进而吸收实体经济的资金流入金融部门，进一步推动金融部门规模不断膨胀。

三、日益激烈的竞争促使金融机构加大金融创新

随着大量新型金融机构的崛起，传统银行业的市场份额不断流失。首先，尽管家庭存款绝对数额仍保持缓慢的增长趋势，但是家庭存款在家庭金融总资产中的比例不断下降。其次，随着大型企业在资本市场的融资能力不断增强，商业银行作为主要的非金融贷款提供者的地位也快速下降。在20世纪70年代，非金融贷款的40%是由商业银行提供的，到1995年商业银行提供的比重已经下降至29%；储蓄贷款机构的比重下降更为明显，从1970—1980年的超过20%一度下降至不到10%的水平上（见图7-7）。

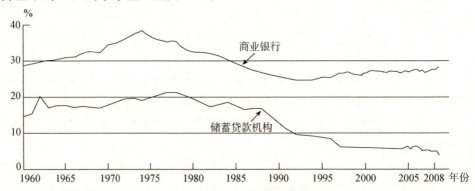

图7-7　美国商业银行与储贷机构在非金融贷款中的占比情况（1960—2008）

数据来源：转引自 Frederic S. Mishlin. "The Economics of Money, Banking & Financial Markets," 9th edition.

除了面临国内金融机构的压力外，美国银行业还面临国外金融机构强有力的挑战。国际资本流动自由化以及欧洲美元市场的快速成长，使得许多国外银行开始进驻美国货币市场，以此满足客户的美元贷款需求。当然这些外国银行一旦进入美国，并不局限于服务本国客户，而是积极挖掘服务美国本土企业的机会。

特别是在20世纪80年代之后，凭借跨境资金转移和信息传递处理的优势，这些银行的业务和资产规模不断增长，到2007年，外国银行在美国持有的金融

资产已经高达 1 000 亿美元，危机爆发后，更是一路上扬，到 2011 年已经突破 2 000亿美元（见图 7-8），给美国银行业带来了巨大压力。

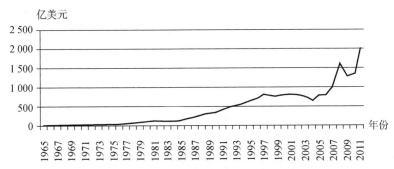

图 7-8　外国银行在美国持有金融资产情况（1965—2011）

数据来源：美联储，http：//www.federalreserve.gov/releases/z1/20060309/。

在国内外竞争压力下，传统的商业银行，甚至新型金融机构都开始调整经营策略，不断丰富自身的产品，并通过各种新型金融工具来提供自身的竞争力，不断参与包括 MBS、CDO 与 CDS 等金融衍生产品交易。

四、金融创新工具的发行和交易带动金融部门过度膨胀

商业银行、投资银行乃至一些新型金融机构通过金融创新工具提高自身竞争力的同时，也带动这些工具发行量和交易量的不断上涨。以 1989—2013 年全球 CDO 未偿还余额情况为例，进入 20 世纪 90 年代后期，CDO 余额呈爆发式增长，1991 年 CDO 未偿还余额仅为 12.7 亿美元，到 2007 年已经上升至 13 392.2 亿美元（见图 7-9）。

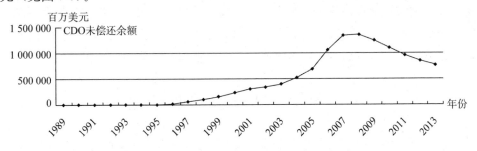

图 7-9　1989—2013 年全球 CDO 未偿还余额情况

数据来源：SIFMA，http：//search.sifma.org/search? q＝cdo&submit＝Go&site＝SIFMA&client＝SIFMA&proxystylesheet＝SIFMA&output＝xml _ no _ dtd。

接着，再来看一下 CDO 的发行情况。从图 7-10 可以看出，2006 年和 2007 年，CDO 的发行量仍处于相当高的水平上，以现金及混合 CDO 为例，2006 年发行量为 4 105 亿美元，2007 年为 3 403.8 亿美元；而 CDO 的发行总量分别高达 5 206.4 亿美元和 4 816 亿美元。

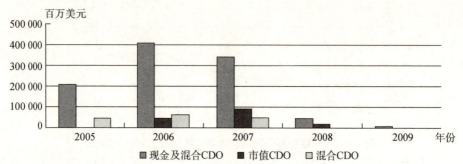

图 7-10　2005—2009 年全球 CDO 发行情况

数据来源：SIFMA，http：// search. sifma. org/search? q＝cdo&.submit＝Go&.site＝SIFMA&.client＝SIFMA&.proxystylesheet＝SIFMA&.output＝xml _ no _ dtd。

由此，巨量的 CDO 在推动金融资产规模不断膨胀的同时，也给推出和发行这些金融衍生品的投行及其他金融机构带来了丰厚的回报。这个过程从金融市场最为发达的美国扩散至全球，在吸引了大量的国际资本源源不断地流进美国的同时，也使得其金融部门规模进一步扩张。

可以说，随着美国金融体系的发展，各类新型金融机构不断运用金融创新技术，大大拓展了传统以银行为中介的信用创造模式，比如，资产证券化操作以及金融衍生产品的发行和交易，都放大了金融体系的经营杠杆，扩张了金融体系的信用创造能力，使得信用扩张水平与广义货币分离，并快速增长。而金融体系信贷创造能力的"亲周期性"，使得市场参与者在乐观预期下过度增加杠杆操作，进一步提升了信用创造水平，最终导致金融体系内在繁荣和过度膨胀。

▎第五节　实证检验及结论▎

从上述分析可以看出，宽松的货币政策、监管的放松以及金融业自身的逐利性导致美国金融部门规模急剧扩大，发展过度。本节通过构建一个简单的线性回归模型，对上述分析进行实证检验。具体模型如下：

$$TMF = \alpha_0 + \beta_1 x + \varepsilon_1$$

其中 α_0 为常数项，β_1 为系数，ε_1 为残差项。

被解释变量 TMF 为金融发展过度指标，根据第四章实证结果，私人信贷占比 GDP 减生产部门产出占比 GDP 是较为合意的金融发展过度指标。因此本节选择该指标作为衡量金融发展过度的指标，考察解释变量的变化对其的影响。

所选解释变量 x 主要包括：

一是货币政策和流动性指标。为考察美联储货币政策对本国金融过度发展的影响，我们选取联邦基金利率（rate）作为货币政策指标，选取证券市场资本化率（cap）和流动性负债占比 GDP（liquity）作为衡量市场流动性的指标；联邦基金利率数据来源于美联储，证券市场资本化率和流动性负债占比 GDP 数据来源于国际货币基金组织（IMF）的金融发展数据库，样本时长区间为 1989—2010 年。

二是监管放松指标。放松管制政策方面，考虑到放松管制导致大型银行业务范围扩大，杠杆率提高，而且资产更加集中，所以选取商业银行杠杆率（leverage）、集中率（concentration）以及银行金融资产占金融部门总资产比重（bankassetshare）作为衡量管制放松的指标。杠杆率和集中率数据来源于国际货币基金组织（IMF）的金融发展数据库，第三个指标来源于美联储资金流量表，由笔者计算而得，样本时长区间为 1999—2010 年。

三是产业结构指标。考虑产业结构以及经济环境也会对金融发展产生影响，选取制造业资本支出比重（MFS）、信息行业 GDP 增加值比重（information）以及金融部门金融资产占总金融资产的比重（f_sector）作为衡量产业结构变化的指标。制造业资本支出比重和信息行业 GDP 增加值比重数据来源于美国商务部经济分析局，金融部门金融总资产比重数据来源于美联储资金流量表，由笔者计算而得，样本时长区间为 1998—2010 年。

四是对外开放和政府信贷指标。借鉴 beck 等（2012）的研究，本书加入对外开放度（openness）和政府信贷市场比重（gov）变量，因为随着对外开放程度的提高，外国投资者不断进入美国金融市场投资，将会增加市场流动性和规模；而政府信贷进入信贷市场融资，也将增加信贷市场规模，进而推动金融部门扩张。对外开放度数据来源于美国商务部经济分析局，政府信贷市场比重来源于美联储资金流量表，笔者计算而得，样本时长区间为 1979—2010 年。

同第四章，采用 EG 两步协整法进行回归分析。在分析结果前，首先对所有回归的残差进行单位根检验，剔除残差不平稳的回归，表 7-3 中所有回归的残差均平稳，即不存在伪回归问题。

表 7-3 各变量对金融发展过度影响的回归结果

	(1) y	(2) y	(3) y	(4) y	(5) y	(6) y	(7) y
rate	−7.844*** (0.865)				−6.016*** (0.880)		
cap	0.541*** (0.061 0)				0.320** (0.085 6)		
liquity	3.602*** (0.485)				2.206** (0.563)		
leverage		−2.984 (3.378)				−7.114** (1.652)	−8.482 (6.488)
concentration		2.559** (0.589)				1.093* (0.371)	0.838 (1.906)
bankassetshare		0.221 (197.0)				18.69 (60.50)	−27.89 (239.8)
mfs			395.0* (157.9)			281.2* (76.74)	
information			−2.614 (20.65)			−2.490 (3.678)	
f _ sector			−4.170** (1.177)			−2.532*** (0.308)	
openness				11.00*** (0.818)	4.286** (1.257)		2.198 (2.707)
gov				658.0** (214.4)	217.2 (141.1)		−142.8 (138.7)
_ cons	−133.0*** (32.48)	123.2 (61.15)	73.32 (117.9)	−137.0*** (20.96)	−126.5*** (26.47)	140.9*** (19.58)	186.7 (77.56)
N	22	12	14	32	22	12	12
R-squared	0.936 1	0.916 3	0.609 4	0.869 0	0.963 3	0.996 7	0.938 3

Standard errors in parentheses.

* $P < 0.05$, ** $P < 0.01$, *** $P < 0.001$.

首先，我们来看货币政策和流动性对金融发展过度的影响，结果见第（1）列和第（5）列。从回归结果看，利率同金融发展过度存在显著的负相关关系，可以看出降低利率会导致金融过度发展；两个流动性指标均与金融发展过度存在显著的正相关关系，意味着充足甚至过量的流动性是导致金融发展过度的重要原因。由此我们可以看出美联储宽松的货币政策以及金融衍生交易带来的过量流动性确实导致了金融部门的过度发展。适当提高利率，维持合意的利率水平和流动性是金融部门适度发展的重要前提。

其次，我们来看监管放松引起金融业结构变化对金融发展过度的影响，回归结果包括第（2）、第（6）和第（7）列，由于第（7）列回归结果不显著，因此只考虑第（2）列和第（6）列回归结果。从上述结果可以看出银行集中率的影响较为显著，可见银行资产和业务的集中也是导致金融发展过度的重要因素。银行持有金融资产比重的回归结果不显著。经营杠杆率对金融过度发展的影响是负的，说明提高经营杠杆会抑制金融过度发展。在这里可做如下解释：由于选取的是美国商业银行平均杠杆率，该数值在 1980 年之后处于逐步下降的趋势，80 年代平均在 17 左右，90 年代下降为 12 左右，2000—2007 年基本维持在小于 10 的水平上；事实上大型商业银行的杠杆率在这段时间有所增加，但是也不高，增长比较快的是投行等新型金融机构，所以商业银行杠杆率并不是导致金融部门过度发展的主要因素。后续考虑使用投行杠杆率指标进行进一步研究。

再次，考虑美国资产经济模式，主要是产业结构对金融发展的影响，回归结果包括第（3）列和第（6）列。信息经济的比重，代表高科技的进步，会抑制金融过度发展，也就是说一个新技术或创新带动实体经济增长速度提高，当其增长速度和产出大于金融部门时，就不会导致金融部门过度增长。制造业资本支出比重的增加将导致金融发展过度，可以做如下解释：美国实体部门生产效率过低，导致投资效率低，也是金融部门过度发展的原因。此外，金融部门持有金融资产也会抑制金融过度发展，这个结论需要进一步分析。

最后，考察政府对外政策以及政府支出对金融发展过度的影响，回归结果见第（4）、第（5）和第（7）列，同样剔除结果不显著的第（7）列。从回归结果可以看出，美国对外开放度较为显著地促进了美国金融部门的过度发展，可见在全球化进程中，适度稳健的对外开放度是有必要的。此外，政府在债务市场的比重也是导致金融发展过度的重要因素，因为只有转化为有效投资的信贷才能促进经济增长，而流向政府部门的信贷并没有这个作用，只是简单地增加了债务余额，导致债务市场扩大，进而推动金融部门过度膨胀。

总之，宽松的货币政策、证券市场流动性提高都是美国金融发展过度的主要原因，因此适当提高利率水平、降低市场流动性将有助于金融市场的适度发展。监管放松带来的银行集中率提高也是造成美国金融发展过度的原因之一，但是使用商业银行杠杆率数据并未得到杠杆率提高将造成金融发展过度的结论。产业结构的调整，特别是信息等高科技产业的进步，将抑制金融发展过度，因为技术进步将带动实体经济增长，当实体经济增长速度超过金融部门时，就不会出现金融发展过度问题。对外开放程度的提高以及政府过多的信贷融资都是造成金融部门规模扩张和发展过度的原因，因此保持适度的对外开放，将信贷更多投向生产性部门，才能保证金融部门的适度发展，从而促进经济增长。

第八章 美国金融发展过度的负面影响

在宽松的货币政策和监管政策以及金融部门非理性的逐利活动中，美国金融部门急剧扩张，发展过度，给美国经济和全球经济带来了严重危害。具体包括：金融发展过度导致房地产泡沫形成，金融过度支持家庭和政府部门形成"双赤字"，金融过度创新引发金融危机，金融与实体经济严重脱节，全球流动性过剩以及世界经济不平衡。

第一节　金融发展过度导致房地产泡沫形成

房地产业是资金密集型产业，其供给和需求都离不开金融支持。因此金融支持，特别是银行信贷支持在房地产行业中发挥了举足轻重的作用。20 世纪 80 年代后，在美国"资产经济"增长模式和房地产政策推动下，银行信贷不断流向房地产市场，在信贷和房地产价格的双重作用下，最终形成房地产市场泡沫。

一、信贷扩张与房地产泡沫

学者构建了不同模型论证得出，信贷扩张在资产价格上升和泡沫形成中起到了重要作用。比如 Allen 等（1998）基于信息不对称，构建了一个两部门互动的资产泡沫模型，从中得出由于金融机构的中介作用下的代理问题，最终导致了资产泡沫。Stein（1995）引入信贷约束的概念，研究房地产价格波动和银行信贷的关系，通过构建多重均衡模型，指出信贷供给的增加缓解了家庭的信贷约束，提高了对房产的需求，从而影响房地产价格。

当然，也有学者提出了不同的意见，认为是房地产价格的上涨导致了信贷扩张。比如，Davis（1995），Collyns 和 Senhadji（2002），Davis（1999a）及 Renaud（1999）的研究发现，无论是发达国家还是发展中国家，房地产市场的繁荣和萧条周期都先于银行危机，是预测银行危机的重要的先行指标之一。Davis 和 Zhu（2004）在跨国实证研究中，也得到房地产价格上涨导致了银行信贷的扩张，而不是过度的银行信贷扩张导致房地产价格上涨的结论。

更多的研究倾向于房地产价格和银行信贷支持之间的双向影响关系。Davis 和 Zhu（2004）在研究中指出，一方面，房地产价格的变化，通过影响家庭的财富预期、借贷能力以及银行资产的多少，进而影响银行借贷；另一方面，银行信贷的变化，将直接影响房地产需求和投资的变化，因此对房地产价格产生影响。他们还在一般均衡模型中引入借贷态度变量，包括金融自由化和政府担保，研究发现金融自由化加剧了银行之间的竞争，导致信贷扩张，促使房地产价格不断攀升，如果再有外国资本的流入，经济的繁荣期被动拉长。然而，当建筑热潮的影响开始消退并且新的供给不能被市场吸收时，房地产市场会被迫降价。特别地，当银行信贷对房地产资产的价值极其敏感时，这种周期性的运动趋势会放大后繁荣和萧条的程度。

二、美国房地产信贷扩张引发房地产泡沫

美国房地产市场经过上百年的发展已经非常成熟，其家庭自有住房率已接近 70％，房地产早已成为非成长性行业，产业集中度高，二手房交易在市场中处于主导地位（超过 80％），因而长期以来供给相对稳定[①]。

20 世纪 80 年代初，在金融自由化政策的推动下，美国国会于 1977 年通过了《社会再投资法》，随后克林顿政府推出的"居者有其屋"政策，使得信贷机构纷纷放弃房地产信贷的审慎原则，房地产抵押贷款发放机构的贷款模式也从"发放—持有"转变为"发放—出售"。包括房地美、房利美在内的政府担保房地产机构为解决自身流动性，不再严格审核贷款风险，而是通过增加贷款规模来获得最大收益。

在上述政策的刺激下，美国商业银行发放的房地产抵押贷款数量开始上升，1980 年占其总资产的 31.3％，到 1989 年该比值上升至 40％，房地产抵押贷款总额达到 7 270 亿美元；次贷规模上升更为迅速，2001 年发放额度仅为 1 600 亿美元，占住房抵押贷款总额的比例为 5.6％，到 2006 年已经达到 6 000 亿美元，比例也上升至 20％，年均增速更是高达 38％。

这样，在美国政府的支持下，许多缺乏支付能力的家庭获得了住房，导致房地产需求大幅扩张。过多信贷支持引发住房需求极度膨胀，再加上相对稳定的住

---

① 美国房地产经济学家 Fred（1974）和 Alan（1980），以美国房地产商非常交易量为依据，分析了 1795—1973 年美国房地产的运行情况，发现美国的房地产行业存在一个 18 年左右的长期波动周期。1981 年开始 为新一轮周期。

房供给，极大地促进了房地产升温，房地产价格在此期间也大幅上涨，从图 8-1 可以看出，1999—2006 年，美国主要城市房价指数直线上升，房地产呈现出非理性繁荣，泡沫凸显。

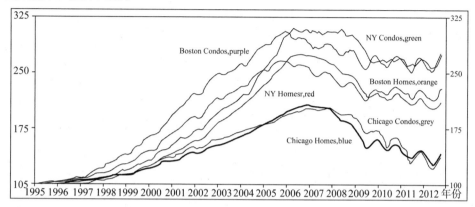

图 8-1　1995—2012 年美国主要城市房价指数

数据来源：Standard & Poor's，http：// www. housingviews. com/2012/09/27/four-con-secutive-monthly-increases-in-condo-prices/nychibos/。

三、金融创新加剧房地产泡沫和市场风险

如果说政府政策刺激商业银行发放更多房地产信贷，那么以次级贷款为中心的金融创新则进一步推高了房地产市场泡沫。房地产价格的上涨，对美国这样的家庭自有住房率高达 70% 的成熟市场来说，并不一定导致信贷规模的继续扩张，因为价格上涨很可能导致需求下降，总体信贷规模可能减小，房地产价格趋于稳定。

但是加入以次级贷款为中心的金融创新因素，房地产价格和信贷扩张开始相互作用，不断推高房地产泡沫。Caballero（2008）指出，正是次级贷款相关的金融衍生产品，使得美国房地产信贷融资来源扩充到全球金融市场，通过大量吸收外部美元进入风险严重失控的次级贷款信贷市场，使得次贷规模得以几何级增加，从而推动了巨大的房地产泡沫。

房地产泡沫与房贷证券化相互推波助澜，使得泡沫不断疯长，在增加市场流动性的同时，也加大了房贷市场和二级市场的风险。首先，房地产抵押贷款证券化分离了贷款决策和贷款违约责任，加大了房贷机构的道德风险。比如，当商业银行将次级贷款打包出售给债券发行人之后，就只提供服务支持，将收取的还款转交给债券发行人，而不再对贷款人进行监督；如果贷款人不能按时还款，需要

采取措施的将是债券发行人而不是商业银行。因此，以商业银行为主的房贷机构，不断增加次级贷款的发行，形成房地产市场的恶性循环。其次，房贷经纪人、投资银行和信用评级机构更无须对违约后果负责，他们只是通过承销相关业务，收取相应的佣金和手续费，因此对他们来说，房贷证券化的成交量的重要性远远大于贷款质量。于是，房贷机构和经纪人通过出售高风险抵押债券获得了丰厚利润，却将投资风险留给了借款人和投资者。最后，房贷证券化的过度膨胀，造成了市场流动性充足的假象，严重干扰了市场。而全球流动性所导致的资本市场狂热，使房贷二级市场在明显出现违约率上升和抵押品赎回权丧失增加的情况下仍有大量资金长期流入，更加重了房地产泡沫破灭带来的危害。

总之，商业银行过度的信贷扩张，住房机构和投资银行过度的金融创新都有力地推动了美国房地产泡沫的形成和破灭。

第二节　金融过度支持家庭和政府部门导致"双赤字"

20世纪80年代以后，家庭和政府信贷在信贷市场的比重逐渐增加。从图8-2可以看出，商业借款中的公司借款在2007年之前一直处于一个相对稳定的水平；而家庭新增信贷增长较为明显，特别是1993—2006年，家庭借款从2 394亿美元增长至11 666亿美元，增长了3.87倍；政府新增信贷进入21世纪后增长较为明显，2001年政府新增信贷还为负值（－56亿美元），但是随后快速上升，金融危机爆发后更是持续走高，2008年政府新增信贷飙至12 392亿美元，2010年高达15 802亿美元。

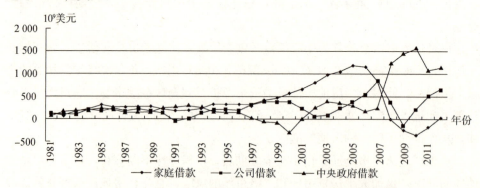

图 8-2　1981—2012 年信贷市场上家庭、公司和中央政府新增信贷

数据来源：美联储，http：//www.federalreserve.gov/releases/z1/20060309/。

一、家庭信贷快速增长导致借贷型消费和贸易逆差

金融部门对家庭的过度信贷支持，助长了美国居民的借贷型消费模式，消费增长中的一半以上均来自借贷消费的增长。尤其是在家庭所持有的金融资产中，住房按揭贷款占有较大比例，随着房地产价格的上涨，在财富效应下，美国居民消费规模更是不断上升。美国居民消费占整个 GDP 的比重逐年上升，从 2000 年至金融危机爆发前，该比值一直高达 70% 以上。过度消费的结果是居民负债不断增加，居民储蓄率不断下降。从图 8-3 可以看出，20 世纪 80 年代以来，美国居民储蓄一直处于较低水平，在进入 21 世纪后，储蓄率更是降至 2% 左右，与其他国家，比如中国 20%～30% 的储蓄率相比，美国居民储蓄率几近为零。

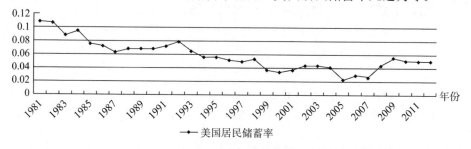

图 8-3　1961—2011 年美国居民储蓄率

数据来源：美国商务部，http://www.census.gov/compendia/statab/cats/international_statistics.html。

在持久收入并未明显提升的情况下，消费支出的增加势必会降低家庭储蓄；而储蓄率的下降将导致美国经常项目赤字的增加，急需吸引外部储蓄以弥补国内储蓄的不足。从宏观角度的储蓄—投资缺口分析，当一国国内居民储蓄较低，不能满足本国经济发展所需要的资金时，就需要从其他国家借入储蓄，储蓄—投资缺口使得本国经常项目出现赤字。将该分析应用于美国，在房地产价格和股市共同上涨的作用下，家庭的财富不断增加，再加上政府对个人医疗和保障支付增加，进一步降低了居民的储蓄意愿。与之相反，在全球化进程中，美国生产率和投资回报率不断提高，投资需求不断增加，在储蓄下降的情况下形成了较大的投资缺口。因此，美国不得不依靠国际市场资金（外国储蓄）来满足本国消费和投资需求，经常项目逆差因此形成。

二、政府信贷快速增长导致"双赤字"

政府部门新增信贷在 20 世纪 90 年代一度降低，政府财政状况趋好，国债发

行规模也相应收缩。但是进入 21 世纪，政府试图通过增加开支来刺激经济增长，再次成为主要净债务部门。居民的高消费和政府大幅增加开支，形成了大规模的超出生产能力的消费，约束了出口能力，带动经常项目逆差进一步增加，"双赤字"由此形成并逐渐增加。从图 8-4 可以看出，20 世纪 80 年代后，美国经常项目赤字持续扩大，财政状况在 2001 年左右出现好转，但随后财政赤字又呈现扩大趋势。

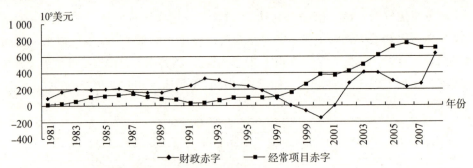

图 8-4　1981—2007 年美国政府财政赤字及经常项目赤字情况

数据来源：美联储，http：//www.federalreserve.gov/releases/z1/20060309/。

此外，政府国债的发行，已经脱离了财政的实际借贷需求，呈现过度发行的趋势。特别是在 2008—2010 年，政府的财政赤字分别为 6 351 亿美元、12 498 亿美元、13 296 亿美元，但是政府国债发行额却分别高达 12 390 亿美元、14 437 亿美元和 15 796 亿美元（详见图 8-5）。

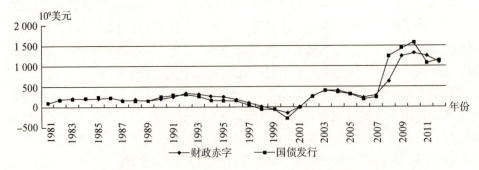

图 8-5　1981—2011 年美国财政赤字和政府国债发行对比情况

数据来源：美联储，http：//www.federalreserve.gov/releases/z1/20060309/。

如果说次贷危机的爆发是美国居民借贷型消费无法持续的最终后果，那么如今政府部门过度的债务发行，很可能是用一个泡沫代替另一个泡沫。因此，如果不从根本上提高居民储蓄率，很难带动经济的全面复苏，"双赤字"也将继续存在。

第三节 金融过度创新最终引发金融危机

自从美国住房机构房地美推出首个抵押贷款支持证券（MBS）后，其他住房金融机构也相继发行。住房抵押贷款市场的繁荣，带动私营抵押贷款证券化迅速发展，以投资银行为主的金融机构加入，将证券化技术应用于各种信贷资产，使得金融衍生品交易规模不断膨胀，大大加剧了金融市场风险，最终导致金融危机爆发。

一、金融过度创新加大金融机构杠杆率

进入 21 世纪，以住房信贷为中心的金融衍生品创新开始不断扩张。美国的投资银行家们，采用资产证券化和风险定价技术，推动满足不同类型投资者的资产证券化产品（ABS）和个性化的债务担保凭证（CDO）。然后银行家们又将优质 CDO 通过打包证券化操作后再次出售，而残留的 CDO 证券化产品在打包中被分解为独立的两块，一个是资金使用成本，另一个是违约风险成本，于是信用违约掉期合约（CDS）应运而生。投资银行家金融创新的想象力没有终止，在上述衍生产品的基础上又演变出新的 CDS，CDO 平方、CDO 立方以及其他变形的衍生产品。随着金融衍生产品的发行和出售，贷款、债券等其他资产的杠杆率不断提高；再加上金融衍生产品大多采用保证金交易，从而进一步放大了杠杆率。

随着杠杆率的提高，金融衍生品的风险被放大至上百倍，当然回报率也被推高。高收益极大地刺激了市场参与者，促使其发行量和产品种类不断增加，金融衍生产品经过多层叠加和包装后，渗透到资本市场的各个环节，一度成为市场上最受喜爱的投资工具。对冲基金向来青睐高风险高杠杆运作，他们通过 5～15 倍的杠杆率向银行抵押贷款，并进一步投向新的金融衍生产品。在高回报面前，包括商业银行在内的机构投资者也加入衍生产品的投资和交易，市场持续扩张。到美国次贷危机爆发前，金融衍生产品在美国得到了空前的发展，无论产品还是数量都呈指数式增长。

20 世纪 90 年代后，美国金融机构不断加大了交易类产品的投资规模和种类，其自身杠杆率也不断提高。首先，为了规避资本充足率的管制，许多银行通过设立特殊投资实体和资产证券化操作，将高风险的资产转移到资产负债表外，

从而提高自身的杠杆率；其次，投资银行、对冲基金、保险公司等通过杠杆操作持有复杂金融衍生产品的"影子银行"的参与，进一步提高了金融机构的杠杆率；最后，美国证监会取消15倍杠杆率的限制，允许投资银行对金融衍生品资产进行估值，更加助长了金融机构的高杠杆运作，会计和监管标准允许将潜在的负债移出资产负债表，从而银行可以获益于"资本效率"，即在相同水平的资本下可以提高资产杠杆率。

有资料显示，2007年1—5月，即在美国次贷危机爆发前的这一时期，美国市场上不同衍生产品杠杆率总体保持在1~99倍，平均水平达到35.6倍。

二、高杠杆提高了金融市场风险

金融衍生品种类和规模的不断扩张，带动金融资产的持续膨胀。美国金融资产在2008年年底扩大到145.5万亿美元，高于当年GDP的10倍以上。其中金融部门资产负债增长最快，占GDP的比重也从1980年的150%大幅飙升至2008年年底的400%；金融部门中，各类型基金和相关证券发行机构的规模，由于衍生品交易的盛行，增长也十分迅速。

过度金融创新带来的高杠杆化在增加美国财富积累的同时，也大大提高了美国金融市场的风险，增加金融市场和金融机构的脆弱性。主要是因为金融杠杆具有放大收益和损失的功能，当资产价格上升时，金融机构的利润通过杠杆得以翻倍；同样，当资产价格下降时，金融机构的损失也翻倍。一旦金融机构杠杆过高而资产价格又出现急剧下降，金融机构就会面临破产倒闭的风险。

以雷曼兄弟为例，截至2007年12月，其杠杆倍数高达29.7倍。进入2008年，雷曼兄弟出现亏损，股价在短短9个月时间里，下跌近90%；在美国政府为其收购提供担保的情况下，最终宣布破产保护，成为有史以来最大规模的破产案。除雷曼兄弟外，其他投行也是在高杠杆化下长期经营，从2003年到2007年，四大投行的杠杆率不断提高，特别是摩根士丹利的杠杆率在2005年和2006年，一度高达33倍。从事金融衍生品交易的机构投资者和证券发行商，在金融危机中也损失惨重。以共同基金、养老基金和按揭支持证券发行机构为例，2008年年末，其资产迅速萎缩33%、28%和28%。

金融衍生产品和金融机构的杠杆率在相互作用和彼此推动下，双双不断升高。无序争相的金融创新带来的高杠杆率，在成就投资银行家们短暂的辉煌业绩时，也加大了金融市场风险，当风险积累到一定程度集中释放时，过度的金融发展只能以金融危机的方式进行调整，代价十分沉重。

第四节 金融发展过度导致金融与实体经济脱节

随着金融创新的不断推进，以投资银行为主的金融机构，已经逐渐远离金融中介服务这个基本职能，金融发展呈现独立于实体经济运行的发展趋势；导致实体经济投资需求得不到满足，投资效率低下，经济增长缓慢。

一、金融发展已经脱离服务的核心功能

20 世纪 80 年代前的投资银行，主要充当财务顾问并承销股票。随着金融衍生产品的不断发展，风险投资、资产证券化、项目融资等金融创新已经成为投资银行的核心业务。这些金融机构不断通过金融创新进行投机，却忽略了分散金融市场风险、服务于实体经济的核心职能。最终使得美国虚拟经济和实体经济之间的比例远远超过适度规模，金融衍生产品脱离基础金融资产的收益和风险，即金融发展脱离了实体经济发展的需求。

简单对比美国金融资产和实体经济发展就可以看出，金融发展已经脱离了实体经济发展的需求，呈现出一种独立运行的态势。美国的金融资产总量在 1952 年为 1.47 万亿美元，相当于当年 GDP 的 4.1 倍，1965 年上升至 4 万亿美元，相当于当年 GDP 的 5.5 倍；2007 年年底达到 156 万亿美元，相当于当年 GDP 的 11.1 倍，56 年里增长了 105 倍。

二、金融危机进一步压缩实体经济发展空间

首先，房地产泡沫的破裂将加大房价下跌的压力，阻碍经济增长。一方面，贷款人将处置抵押贷款的房屋，二手市场上的投放量增加；另一方面，银行为控制风险，势必提高贷款利率和标准，减少放贷规模，也将对房地产市场带来下行压力。美国与住房相关的投资占总固定资产投资的 30% 左右，房地产市场衰退使消费者和投资者对与房屋相关的支出减少，这将严重影响市场投资需求，阻碍经济增长。

其次，消费的急剧下滑将减缓美国经济复苏的速度。2000—2007 年，美国私人消费一直占美国 GDP 的 72% 左右。但是随着房地产泡沫的破灭，证券市场价格深度调整，居民财富大幅缩水，消费能力急剧下滑。特别是住房市场泡沫破裂，引发负资产家庭数从 2006 年的 300 万急增至 2011 年的 1 200 万，即平均每 6 名业主就有 1 人停止还贷甚至破产。受居民财富缩水影响，美国汽车销售量在

2008年9月剧减28%，而消费品市场的疲软势必减缓美国经济复苏的进程。

最后，政府大量的债务绑架了货币政策，债务的货币化进一步加重了经济衰退。金融危机后，美国联邦利率维持在0～0.25%的超低水平，但是美国信贷仍然紧缩，非常规的货币刺激政策并未传导至实际投资和消费需求，市场陷入流动性陷阱，放大了财政紧缩政策的负面影响，必将进一步拖累已经十分脆弱的经济。

总之，实体经济事实上限定了虚拟经济扩张的边界，因此金融发展应根据实体经济的需求而发展；一旦金融发展过度超出实体经济所需的规模，势必导致虚拟经济和实体经济脱节，加剧市场风险和金融脆弱性，阻碍经济的可持续发展。

第五节　美国金融过度发展加剧全球流动性过剩问题

全球流动性过剩是指一些主要国家的实际货币供给显著地超过了既定的货币数量与其本国的GDP增长率之间的比例。由于美国经济和货币在全球金融市场中的重要地位，其过度的金融发展和创新，致使全球金融市场流动性急剧增加，恶化全球流动性过剩问题。

一、全球流动性的概念

国际货币基金组织（IMF）将传统的货币供应量定义为核心流动性，而将以抵押为基础的融资定义为非核心流动性，因此全球流动性就是美、欧、日、英四大货币的核心流动性与非核心流动性之和。国际清算银行则将全球流动性划分为官方流动性和私人流动性，官方流动性包括储备发行国的基础货币和各国官方外汇储备；私人流动性主要指金融机构进行跨境融资的意愿，主要包括融资流动性、市场流动性和风险承受流动性，分别代表私人机构的融资能力、融资规模和金融杠杆程度。

从全球流动性的概念可以看出，作为最主要的国际储备货币，美元的发行量将直接影响全球流动性。

二、美国金融发展过度与全球流动性过剩

首先，美国宽松的货币政策促进广义货币迅速增长。2001年1月到2003年6月之间，美联储连续下调联邦基准利率，利率达到1%的历史低点；金融危机后，更是降至0～0.25%的超低水平。较低的利率政策降低了银行信贷成本、投

资的机会成本和市场利率，广义货币增长迅速。20 世纪 80 年代，美国 M1 占 GDP 比重平均为 37.6%，在 1991—1997 年的 7 年时间里该比重平均上升了 10.6%，在 1998—2006 年的 8 年时间里，该比重从 40.6% 跳到了 54% 左右。货币发行的快速增长加速了全球货币化的进程，2000—2010 年，全球广义货币与 GDP 比值的增长幅度约为 32%，狭义货币 M1 与 GDP 的比率至少增长了 55%。

其次，美国信贷规模的扩张推动股市、房地产等资产价格上涨，加剧了全球流动性过剩。因为随着股市和房地产价格的上涨，在财富效应推动下，金融机构不断扩大交易，居民也不断增加消费，最终导致货币需求大幅增加。此外，财富效应也改变了投资者的风险偏好，带动金融机构的资产负债表不断扩张，杠杆率不断提高，金融资产规模也不断扩张，使得广义货币存量进一步扩大。

最重要的是，以金融衍生产品为主的过度金融创新严重地推高了全球流动性。随着金融衍生产品的发展，传统流动性的统计口径不断被拓宽。美国资产证券化的金融衍生产品在全球范围内的循环流通和交易，大大增加了全球流动性。据统计，在 2006 年全球广义货币总量为全球 GDP 的 1.22 倍，在全球流动性中仅占 11%；资产证券化债券为全球 GDP 的 1.42 倍，占据全球流动性的 13%；金融衍生产品却高达全球 GDP 的 8 倍，占据了全球流动性的 3/4。从上述数据就可以看出，过度金融创新带动全球金融衍生产品的发行量和交易量不断扩大，与此同时也推动全球流动性进一步扩张。

总之，美国宽松的货币政策带动本国货币供应量大幅上升，推动信贷规模扩大，带动股市和房地产价格上涨，在全球投资者的参与下，极大地增加了全球流动性过剩。此外，美元的国际储备货币地位以及美国金融部门的过度创新，使得金融衍生品在全球市场上发行和流通，最终导致全球流动性过剩。

三、全球流动性过剩的负面影响

首先，全球流动性过剩容易加大全球金融市场风险，严重时将导致系统性金融危机的爆发。可以说，全球流动性的过度膨胀和严重收缩都会带来金融动荡。宽松的政策和信贷条件，带动全球流动性大幅提高，刺激金融机构提高杠杆率追求高风险投资，导致风险不断积累，甚至引发金融危机。而全球流动性的大幅缩减，严重影响金融机构的融资意愿，信贷的收缩进一步抑制金融市场和金融体系的运转，甚至威胁到实体经济。美国金融过度发展以及危机救助带来的全球流动性，在各种经济增长前景不明确的情况下，势必在不同市场之间寻求套利空间，增加全球金融市场的投机性。此外，全球流动性过剩势必加剧国际资本的流入和流出，这将给包括中国在内的新兴市场带来极大的挑战，货币升值的压力和保持汇率稳定的双重压力，将对这些国家宏观经济的发展和金融体系的稳定带来极大的破坏性。

其次，全球流动性过剩将导致全球金融市场资产泡沫的形成。流动性过剩意味着，货币供给大于货币需求，因而过剩的流动性最终将体现为价格的上升。21世纪后，能源、贵金属和其他基础原材料市场在发展过程中，越来越多地呈现其金融属性，这些市场在金融市场和金融创新的推动下，成为全球流动性过剩的首要出口。当过剩的全球流动性追逐稀有资源时，必将引发包括稀有金属和原油在内的战略物资的市场价格波动。

最后，全球流动性过剩将带来物价水平的上涨，进而引发通货膨胀。伴随着过剩的全球流动性，包括石油、贵金属在内的全球大宗商品的价格开始上涨，增加了通货膨胀和货币贬值预期。拉斯穆斯等（2006）的研究指出，流动性过剩在全球范围内对产出和价格产生了冲击，流动性过剩是代表通货膨胀压力的一个有用指标。

第六节　资产泡沫助长全球负债增长，加剧世界经济不平衡

针对许多美国学者提出世界经济不平衡时造成美国金融危机的主要原因的观点，本节研究美国金融发展过度和世界不平衡问题，以期寻找世界经济不平衡的真正原因。

一、世界经济不平衡的表现

20世纪90年代以来，全球化使得世界经济结构发生了深刻变化，世界经济不平衡成为全球宏观经济最为引人注目的现象：美国经常项目赤字，而东亚（中国、日本等）、石油输出国对美国有大量贸易盈余；最后，这些贸易盈余又通过资本账户与金融账户重新流回美国。世界经济不平衡初步起始于20世纪90年代中期，2000年后规模显著扩大，国际货币基金组织（IMF）认为其特征主要表现为美国的"过度消费"与中国的"过度出口"。从图8-6可以看出，中美贸易逆差在20世纪90年代后确实呈现急剧扩大趋势，到2008年已经超过2 500亿美元。

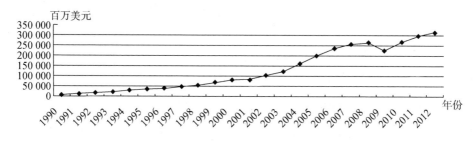

图 8-6　1990—2012 年中美贸易逆差额

数据来源：美国商务部，http：// www. census. gov/foreign-trade/balance/c5700. html。

美国巨额的贸易赤字和中国巨额的贸易顺差，支撑了美国的"全球负债增长模式"。简单来说，美国不仅透支了本国居民的储蓄和未来，而且透支了他国居民的储蓄和未来，在几乎没有任何储蓄和巨额外债的条件下，通过不断扩大贸易逆差的方式，维持了本国的过度消费。大量的廉价商品流入美国，美国对外支付的美元，又通过购买国债的方式流入美国，世界经济不平衡持续扩大。

但是长期来看，世界经济不平衡不可能持续扩大下去，并有可能通过激烈的方式进行自我调整（Edwards，2006）。事实上，金融危机爆发后的 2008—2009年，世界经济不平衡确实出现下降趋势。那么是世界经济不平衡造成了金融危机，还是美国过度信贷扩张，在造成房地产泡沫和金融危机的同时，加大了世界经济不平衡呢？

二、世界经济不平衡的原因

Eichengreen [1]从储蓄与投资差额的角度分析了 1996 年以后世界经济不平衡出现的现象，指出至少有四个因素造成了世界经济不平衡，包括美国较低的储蓄率、互联网时代较强的投资需求、东亚国家外部储蓄过剩以及东亚国家的出口导向策略。Blanchard 和 Ferretti [2]则认为，主要国家国内经济结构的扭曲是世界经济不平衡的主要原因，包括美国在贸易逆差下的"过度消费"，而东亚经济体则存在"过度储蓄"。赵夫增（2006）在解释 20 世纪 90 年代后美国的贸易赤字时，认为世界经济不平衡是全球化的产物，美国被动地转移本国制造业，依赖于虚拟

---

① BARRY EICHENGREEN. Global Imbalances: The New Economy, the Dark Matter, the Savvy Investor, and the Standard Analysis [J]. Journal of Policy Modeling, 2006 (6): 645-652.

② OLIVIER BLANCHARD, GIAN MARIA MILESI-FERRETTI. Global Imbalances: In Midstream? [EB /OL] (2010—03—01) [2011—02—01] http:// ssrn. com / abstract = 1559649.

经济的发展，加上较强的金融创新能力，最终形成资产泡沫。

而以伯南克、保尔森为代表的美国经济学家，却认为是世界经济不平衡带来过度储蓄，压低了全球实际利率，在竞争日益激烈的背景下，全球金融机构开始选择高风险运行。中国国内也有学者持相同观点，认为来自东亚源源不断的资金注入，压低了美国长期利率，推动了房地产泡沫的形成，其财富效应支撑了消费的增长，导致美国的"过度消费"（朱月，2010）。

对此，有学者提出了反驳意见，Blanchard 和 Ferretti（2009）的研究指出，1996—2000 年，世界经济不平衡是全球化背景下资本重新配置的结果，但是世界经济不平衡的持续扩大却是 21 世纪初主要参与国内部经济结构日益扭曲的结果。针对美国国内经济结构，Mckinnon[③] 进一步指出，美国资产价格上升的财富效应是美国个人储蓄率下降和"过度消费"的主要原因；而过度消费和结构性的财政赤字则是造成世界经济不平衡的重要原因。

三、美国金融发展过度与世界经济不平衡

从 20 世纪 80 年代全球化开始，美国不断通过放纵资产泡沫的方式促进消费，进而带动经济增长。美国最初依靠发达的金融体系支撑高科技产业发展，但是互联网泡沫破灭后，新的高科技技术短期内很难出现，相应投资需求也急剧下降，导致实体经济增长乏力。极低的利率、监管的逐步放松给金融业的发展提供了温床，大量金融创新产品不断推出并交易，导致国内流动性过剩，在实体经济投资需求不足的情况下，只能通过推动资产价格上涨的方式，带动消费增加，促进经济增长。Roach[④] 在研究中将美国这种信贷扩张、资产价格上升以及所谓的经济增长之间逐渐形成的自我强化机制称为"资产经济"模式。

在经济全球化背景下，美国金融业快速发展，通过财富效应引发国内旺盛的消费需求，在一定程度上带动了世界经济增长，以出口导向的东亚以及石油输出国是最为显著的受益者。但是这些国家出口积累的大量美元缺乏更好的投资渠道，只能再次流回美国，进一步推动了美国金融部门过度发展，其资产泡沫得以维持，经济增长周期也被拉长。但是世界经济也在快速增长中逐渐失衡。因此，东亚国家（以中国为主）和石油出口国的"过度出口"只是美国"过度消费"的被动结果，而不是世界经济不平衡的根源。

③　麦金农. 从历史的角度比较中日两国货币升值 [J]. 中国金融，2007（6）：24-26.

④　ROACH, STEPHEN. Global to the Drawing Board [R] . 2005.

从美国国债持有情况就可以简单看出，包括中国在内的东亚国家的"过度储蓄"并不是压低美国利率和推动房地产泡沫的主要原因。首先，房地产泡沫持续膨胀开始于 2000 年，但是此后美国国债余额持续减少，从 26.4 万亿美元一直下降到 2006 年的 5.2 万亿美元。其次，从美国国债国外持有构成情况看，2000—2004 年，美国国债最大的增持国是日本，2004—2006 年，最大的增持国是英国；作为世界经济不平衡的顺差国中国和 OPEC 国家，并未大量增持美国国债。尽管 2000—2006 年，中国增持比例上升缓慢，在美国国债的占比仅从 1.5％上升至 4.6％，但是 OPEC 国家的持有比例反而从 4.5％下降至 3％。因此，东亚国家和石油输出国的"过剩储蓄"并不是美国低利率和房地产泡沫的主导因素，美国金融业的过度发展才是根本原因。

总之，美国以资产泡沫带动经济增长的模式，引发了其国内的"过度消费"通过全球化的自我强化机制，最终表现为本国的巨大贸易逆差和东亚国家巨大的贸易顺差，世界不平衡持续拉大，最终以金融危机这种强烈的方式进行调整。

第三篇

谨防中国金融发展过度

21 世纪以来，中国金融体系进入长足发展时期，形成了多层次、较为完善的金融体系；各类金融机构在规范中发展，货币市场和证券市场交易规模不断扩大。尽管在规模上、结构上、深度上都和美国存在一定差距，但是中国仍然需要谨防金融发展过度问题。

第一节　研究中国金融发展过度的必要性

相比美国，对中国金融体系发展更多的评价是金融结构不合理，金融体系不完善，需要深化改革，推动金融自由化。但是不完善的金融体系不一定就发展不足，更何况进入 21 世纪以来，金融部门的发展速度快速提升，在信贷支持下，房地产市场泡沫也逐步形成并积累，再加上中国经济增长速度放缓，资金逐步流向金融部门，互联网金融在侵占商业银行份额的同时，也大大增加了金融体系的流动性，给监管部门带来严峻挑战。这些情形都和 20 世纪 70—80 年代的美国相似，因此有必要对中国现阶段的金融体系进行详细研究。

一、中国金融部门发展速度快速提升

21 世纪以来中国金融部门呈现较快的增长趋势。从各项金融发展指标来看，私人部门信贷占比和流动负债占比自 2000 年以后，增长趋势较快，特别是在 2009 年以后，增长加快；证券市场换手率在 20 世纪 90 年代一度超过 300%，经过改革和规范发展，回归至正常水平，但是在 2005 年以后，再次进入快速发展阶段（见表 9-1）。

表 9-1　1992—2011 年中国金融发展指标数据

年份	私人部门信贷占比（%）	流动负债占比（%）	证券市场换手率（%）	年份	私人部门信贷占比（%）	流动负债占比（%）	证券市场换手率（%）
1992	76.17	77.73	171.31	2002	111.35	140.07	66.61
1993	76.86	81.08	161.72	2003	116.82	143.90	82.99

续表

年份	私人部门信贷占比（%）	流动负债占比（%）	证券市场换手率（%）	年份	私人部门信贷占比（%）	流动负债占比（%）	证券市场换手率（%）
1994	76.37	83.83	233.79	2004	115.98	144.45	111.05
1995	74.12	86.66	111.63	2005	110.29	144.48	80.79
1996	78.62	93.87	326.43	2006	104.54	146.61	100.90
1997	87.09	104.12	227.93	2007	99.65	142.24	178.07
1998	96.87	114.92	129.07	2008	100.57	144.37	109.93
1999	104.25	124.74	133.70	2009	112.50	160.69	226.47
2000	107.18	130.60	157.02	2010	120.17	167.97	161.74
2001	107.87	135.37	80.17	2011	121.49	170.62	178.36

数据来源：国际货币基金组织（IMF）金融发展数据库。

二、房地产市场泡沫逐步形成并积累

一方面，房价收入比是用以衡量居民对住房支付能力的指标，等于一套住房的平均价格与居民单个家庭年收入的比值，比值越高，支付能力越低，世界银行一般认为该比值在 4～6 之间是较为理性的。从图 9-1 可以看出，2002—2012 年中国房价收入比均在 6 以上，说明房地产市场存在一定的泡沫。

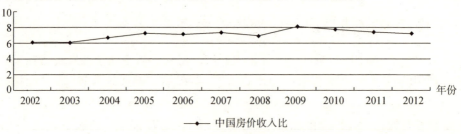

图 9-1　2002—2012 年中国房价收入比情况

数据来源：转引自孙红湘，张悦. 中国房地产泡沫测度与成因分析 [J]. 西安科技大学学报，2013，33（4）：475-479。

另一方面，房地产投资增长率与 GDP 增长率的比值反映的是房地产在投资层面是否存在过热现象，一般情况下该指标不应超过 2。如图 9-2 所示，2002—2012 年，中国该比值基本在 2 以上，这就说明中国房地产市场存在投资过热现象，投机倾向明显。

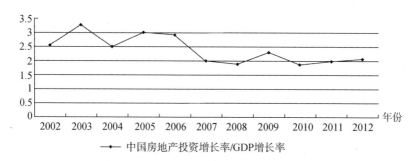

图 9-2　2002—2012 年中国房地产投资增长率与 GDP 增长率对比情况

数据来源：转引自孙红湘，张悦. 中国房地产泡沫测度与成因分析［J］. 西安科技大学学报，2013，33（4）：475-479。

三、互联网金融快速发展带动金融部门不断扩张

互联网金融自 20 世纪 90 年代以后在国外发展迅速，自 2013 年以来逐渐在中国卷起一股浪潮。大约同时，中国国内货币供应量与非金融机构负债总额出现很不寻常的现象，即非金融机构总债务的快速增加并未引起 M2 的相应快速增加，由于非金融机构的债务总量反映了金融机构对实体经济部门提供的全部融资支持，这表明在传统的银行体系之外，可能产生了新的信用创造力量。

总体看来，互联网金融显示出普惠、去银行中介的特点，让更多小微企业和个人享受到金融服务，扩展了对实体经济融资的支持对象，同时通过拉长信用链条和多次证券化实现倍数化信用创造，这就大大增加了整个经济体的货币供应量，也增加了整个金融体系的流动性，给现行的货币政策调控带来挑战。

此外，互联网金融凭借便捷、快速的技术手段，通过提供服务和优化资金配置，给传统金融体系带来较大的挑战，迫使传统金融机构改革、转型和创新。而这一系列的变革，势必使得整个金融体系更加复杂多变，也就意味着金融部门的扩张更加隐蔽，潜在的金融体系风险更加集中；这势必增加监管部门统计和监测的难度，纵容金融部门盲目扩张。

四、中国经济增长放缓，金融体系可能成为吸收资金的重要部门

进入 2014 年，中国经济进入缓慢增长阶段，为刺激经济增长，政府势必出台宽松的货币和财政政策；但是从上文结论就可以看出，只有这些资金流向企业或者生产部门时才能真正促进经济增长。目前，这些资金流向还不是很明确，但是从 2015 年以来持续上涨的股市多少可以看出，金融体系很可能会较多地分流

和吸收市场中的资金，这势必进一步增加经济下行的压力。

因此，在金融体系快速发展和新经济形势下，如何较好地监测金融体系的发展，避免金融部门过度发展，是中国经济发展面临的不可避免的重大问题。

第二节　中国金融发展过度问题分析

本节将从以下五个方面对中国目前的金融发展进行研究，包括货币供应量、房地产和金融业的固定投资规模、证券市场基本情况、银行类金融机构的规模和经营效益以及社会整体融资规模。通过对近 10 年中国金融体系数据的分析，得出相关结论。

一、货币供给量持续上涨

根据中国人民银行对货币供应量的分类，其中 M0 为流通中的现金；M1 为货币，包括 M0 和活期存款；M2 为货币和准货币，包括 M1 和定期存款、储蓄存款和其他存款。

从图 9-3 可以看出，2002—2014 年，中国基础货币供应量增幅较小，处于稳定缓慢上升的状态；用 M1 作为货币供应量考察，可以看出自 2008 年金融危机后，中国货币供应量上涨速度加快。

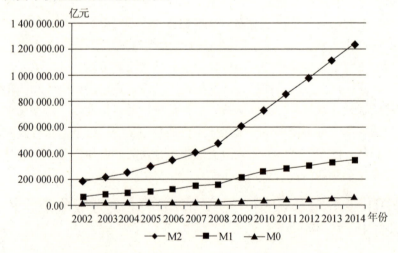

图 9-3　2002—2014 年中国货币供应量

数据来源：中国人民银行。

注释：年度数据选取每年 12 月底数据。

进一步把 M1 换成 M2 来考察，可以发现货币供应量的增速更为显著，从 2008 年到 2014 年，中国的 M2 基本呈现级数上涨趋势。可见 2008 年后宽松的货币政策，带动了货币供应量的较大增加。

为了考察货币供给是否和经济增长速度一致，我们进一步将此期间 GDP 的增长速度与货币供应量的增长速度进行对比，详见图 9-4。从图中可以看出，除了 2007—2008 年金融危机期间外，基础货币的增长速度基本和 GDP 的增长速度相一致；由此可见，中国基础货币的供给量比较合理。

但是 M1 和 M2 的增长却呈现脱离 GDP 而独立上升的趋势，一方面表现在增速远高于 GDP 增速，另一方面，在 GDP 下降时 M2 反而大幅增长；比如 2009—2010 年，GDP 增长基本和之前持平，但是 M1 和 M2 却达到一个急速上涨的峰值。

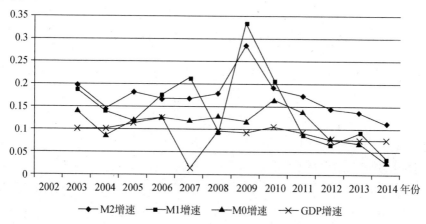

图 9-4　2002—2014 年中国货币供应量与 GDP 增速对比情况
数据来源：中国人民银行。

最后，我们简单分析一下在此期间银行业同业拆借市场的利息水平。从图 9-5 可以看出，2002—2006 年，同业拆借利息维持在一个较为稳定的水平上，金融危机期间，利息波动比较大，上升趋势也比较明显，可见这段时间银行类金融机构的资金流动性比较紧张。这个趋势在 2009 年宽松货币政策的调控下得到缓解，但是进入 2010 年，利息水平再一次波动并上升，由此可以看出，这段时间银行类金融机构的流动性扩张并不是十分明显。

对比货币供应量我们可以大胆预计，互联网金融确实在一定程度上发挥了商业银行信用创造的职能，进而带动货币供应量上升。

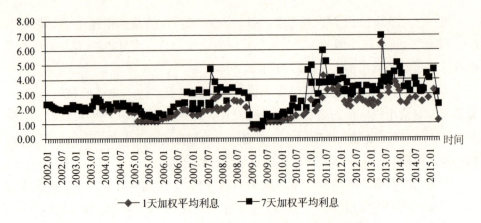

图 9-5　2002—2014 年中国银行间同业拆借市场利息

数据来源：中国人民银行。

二、房地产和金融行业在整个经济中的地位逐步提高

首先，房地产行业和金融行业全社会固定投资增幅明显。从表 9-2 可以看出，2003—2013 年，全社会固定资产投资稳步上升，从 2003 年的 55 566.6 亿元迅速上涨至 2013 年的 446 294.1 亿元，增加了 7 倍，其中工业全社会固定资产投资占比最大，从 2003 年的 20 427.1 亿元上涨至 2013 年的 181 990.5 亿元，增加了近 8 倍，其次是农林牧渔业，从 2003 年的 1 652.3 亿元增加至 2013 年的 13 478.8 亿元，增加了 7 倍；而房地产行业已经超过其他行业跃居第三位，从 2003 年的 13 143.4 亿元，增加至 2013 年的 118 809.4 亿元，增加了 8 倍多；金融业虽占比较小，从 2003 年的 90.2 亿元增加至 1 242 亿元，却增加了 12.7 倍，增速十分显著。

表 9-2　2003—2013 年全社会固定资产投资（分行业）

单位：亿元

年份	农林牧渔业	工业	建筑业	批发和零售业	金融业	房地产业	全社会固定资产投资
2003	1 652.3	20 427.1	924.4	922.7	90.2	13 143.4	55 566.6
2004	1 890.7	27 776.5	964.0	1 273.0	136.0	16 678.9	70 477.4
2005	2 323.7	37 717.7	1 119.0	1 716.4	109.5	19 505.3	88 773.6
2006	2 749.9	47 353.6	1 125.5	2 265.3	121.4	24 524.4	109 998.2

续表

年份	农林牧渔业	工业	建筑业	批发和零售业	金融业	房地产业	全社会固定资产投资
2007	3 403.5	59 851.5	1 302.3	2 880.3	157.6	32 438.9	137 323.9
2008	5 064.5	75 405.4	1 555.9	3 741.8	260.6	40 441.8	172 828.4
2009	6 894.9	94 258.3	1 992.5	5 132.8	360.2	49 358.5	224 598.8
2010	7 923.1	115 299.9	2 802.2	6 032.2	489.4	64 877.3	251 683.8
2011	8 757.8	129 119.6	3 357.1	7 439.4	638.7	81 686.1	311 485.1
2012	10 996.4	154 523.5	3 739.0	9 810.7	923.9	99 159.3	374 694.7
2013	13 478.8	181 990.5	3 669.8	12 720.5	1 242.0	118 809.4	446 294.1

数据来源：国家统计局。

注释：其中工业包括采矿业、制造业、电力、燃气及水。

将上述四个行业进一步直观对比，详见图 9-6。从图中的对比可以明显地看出，房地产行业在 2007 年之后固定资产投资规模增长速度急速增加，远远超过农林牧渔业、建筑业等其他行业。

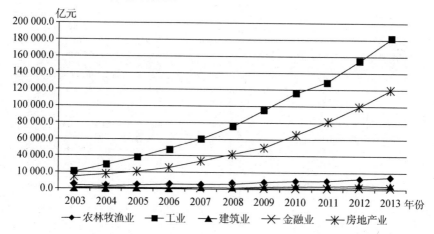

图 9-6　2003—2013 年主要行业全社会固定投资对比情况

数据来源：国家统计局。

其次，房地产业和金融业在国内生产总值中占比不断上涨。随着房地产行业固定投资的增加，整个行业的产值也不断增加。如表 9-3 所示，1995—2013 年，房地产行业产值从 2 354 亿元上涨至 35 987.6 亿元，增幅高达 15.29 倍；其次是

金融业，从 1995 年的 3 209.6 亿元上涨至 2013 年的 41 190.5 亿元，增幅也达到
12.83 倍；批发零售业的产值从 1995 年的 4 778.6 亿元上升至 2013 年的
56 284.1 亿元，增幅达到 11.78 倍；对比全社会固定资产投资最多的行业，工业
的行业增加值从 1995 年的 24 887.2 亿元上涨至 2013 年的 217 263.9 亿元，上涨
仅 8.73 倍，低于该期间国内生产总值 9.62 倍的上涨速度。

表 9-3 1995—2013 年国内生产总值分行业增加值

单位：亿元

年份	农林牧渔业	工业	建筑业	批发和零售业	金融业	房地产业	国内生产总值
1995	12 134.7	24 887.2	3 728.8	4 778.6	3 209.6	2 354.0	61 129.8
1996	14 014.1	29 372.7	4 387.4	5 599.7	3 698.2	2 617.6	71 572.3
1997	14 440.1	32 837.7	4 621.6	6 327.4	4 176.1	2 921.1	79 429.5
1998	14 815.6	33 931.9	4 985.8	6 913.2	4 314.3	3 434.5	84 883.7
1999	14 767.8	35 770.3	5 172.1	7 491.1	4 484.8	3 681.8	90 187.7
2000	14 942.4	39 931.8	5 522.3	8 158.6	4 836.1	4 149.1	99 776.3
2001	15 778.6	43 469.8	5 931.7	9 119.4	5 195.1	4 715.1	110 270.4
2002	16 534.0	47 310.7	6 465.5	9 995.4	5 546.5	5 346.4	121 002.0
2003	17 378.6	54 805.8	7 490.8	11 169.5	6 034.6	6 172.7	136 564.6
2004	21 408.1	65 044.2	8 694.3	12 453.8	6 586.6	7 174.1	160 714.4
2005	22 412.9	77 034.4	10 367.3	13 966.2	7 469.3	8 516.4	185 895.8
2006	24 032.2	91 078.8	12 408.6	16 530.7	9 951.4	10 370.5	217 656.6
2007	28 618.6	110 253.9	15 296.5	20 937.8	15 173.3	13 809.7	268 019.4
2008	33 692.7	129 929.1	18 743.2	26 182.3	18 312.9	14 738.7	316 751.7
2009	35 215.3	135 849.0	22 601.1	29 001.5	21 797.4	18 966.9	345 629.2
2010	40 521.8	162 376.4	27 177.6	35 904.4	25 679.7	23 569.9	408 903.0
2011	47 472.9	191 570.8	32 840.0	43 730.5	30 678.2	28 167.6	484 123.5
2012	52 358.8	204 539.5	36 804.8	49 831.0	35 187.7	31 248.3	534 123.0
2013	56 966.0	217 263.9	40 807.3	56 284.1	41 190.5	35 987.6	588 018.8

数据来源：国家统计局。

注释：其中工业包括采矿业、制造业、电力、燃气及水。

　　将各行业的增加值换成在国内生产总值中的占比情况，上述趋势更加明显。从表 9-4 可以看出，1996—2013 年，农林牧渔业和工业的行业增加值占比均呈现下降趋势，其中农林牧渔业从 1996 年的 19.6％下降至不到 10％；工业下降幅度相对较小，但是也从 41％下降至 36.9％，下降近三个百分点；在增长值占比上升的行业中，房地产行业的比重除了 2008 年有小幅下降外，基本处于持续上涨的趋势，从 1996 年的 3.7％上涨至 2013 年的 6.1％，上升了 2.5 个百分点；建筑业增长速度比较缓慢，增长主要集中在 2008—2013 年，上升了 1 个百分点；批发零售业和金融业都是先经历了小幅下降，然后在 2008 年开始上升，两个行业的占比都上升了 1.8 个百分点；上升幅度仅次于房地产行业。

　　随着两个部门在整个经济中地位的提升，目前房地产市场泡沫已经十分显著，金融部门的规模也持续扩张。

表 9-4　1995—2013 年国内 GDP 行业增加值占比

单位：％

年份	农林牧渔业	工业	建筑业	批发和零售业	金融业	房地产业
1996	19.6	41.0	6.1	7.8	5.2	3.7
1997	18.2	41.3	5.8	8.0	5.3	3.7
1998	17.5	40.0	5.9	8.1	5.1	4.0
1999	16.4	39.7	5.7	8.3	5.0	4.1
2000	15.0	40.0	5.5	8.2	4.8	4.2
2001	14.3	39.4	5.4	8.3	4.7	4.3
2002	13.7	39.1	5.3	8.3	4.6	4.4
2003	12.7	40.1	5.5	8.2	4.4	4.5
2004	13.3	40.5	5.4	7.7	4.1	4.5
2005	12.1	41.4	5.6	7.5	4.0	4.6
2006	11.0	41.8	5.7	7.6	4.6	4.8
2007	10.7	41.1	5.7	7.8	5.7	5.2
2008	10.6	41.0	5.9	8.3	5.8	4.7
2009	10.2	39.3	6.5	8.4	6.3	5.5
2010	9.9	39.7	6.6	8.8	6.3	5.8
2011	9.8	39.6	6.8	9.0	6.3	5.8
2012	9.8	38.3	6.9	9.3	6.6	5.9
2013	9.7	36.9	6.9	9.6	7.0	6.1

数据来源：国家统计局。

注释：其中工业包括采矿业、制造业、电力、燃气及水。

三、证券市场规模不断扩张，交易品种日益丰富

首先，股票市场规模持续扩大。主要表现在上市公司数目逐渐增加，股票市价持续上涨，证券市场换手率不断提高。

一是上市公司数目逐步增加，特别是境外上市公司数量增加最为显著，详见表 9-5。首先，1995—2014 年，中国境内上市公司数量不断增加，从 1995 年的 323 家增加道 2014 年的 2 613 家，平均每年增加 115 家左右，由此可见，证券市场逐渐成为各企业获得融资的主要场所；其次，中国企业境外上市数目增加速度尤为显著，从 1995 年的 18 家增加到 2014 年的 205 家，特别是 2006 年和 2014年，每年均有 20 家企业选择到境外上市融资，可见随着中国企业的发展壮大，在海外市场份额也在不断增加；但是值得一提的是，在此期间境内上市的外资股公司数目增加十分缓慢，在经历了 1995—2000 年的小幅上涨后，基本处于稳定数值，可见境内证券市场对外资公司的开放度还有待提升。

表 9-5　1995—2014 年中国境内外上市公司数量

年份	境内上市公司数（A、B 股）（家）	境内上市外资股公司数（B 股）（家）	境外上市公司数（H 股）（家）	年份	境内上市公司数（A、B 股）（家）	境内上市外资股公司数（B 股）（家）	境外上市公司数（H 股）（家）
1995	323	70	18	2005	1 381	109	122
1996	530	85	25	2006	1 434	109	143
1997	745	101	42	2007	1 550	109	148
1998	851	106	43	2008	1 625	109	153
1999	949	108	46	2009	1 718	108	159
2000	1 088	114	52	2010	2 063	108	165
2001	1 160	112	60	2011	2 342	108	171
2002	1 224	111	75	2012	2 494	107	179
2003	1 287	111	93	2013	2 489	106	185
2004	1 377	110	111	2014	2 613	104	205

数据来源：国家统计局。

　　二是股票市价持续上涨，股票交易规模屡创新高。从图 9-7 可以看出，2005年前，股票市场规模增长速度较为缓慢；之后进入快速上升时期。股票流通市值从 2005 年的 10 630.5 亿元上涨到 2014 年的 315 624 亿元，增加了近 30 倍；从股票交易规模上看，股票成交股数从 2005 年的 6 623.7 亿股上涨至 2014 年的73 755 亿股，增加了 10 倍多；股票成交金额整体增长规模基本和股票流通市值规模持平；该数值从 2005 年的 31 664.8 亿元上涨至 743 913 亿元，增长幅度也高达 23.5 倍；同时成交金额的涨跌幅度都要远远大于股票流通市场。

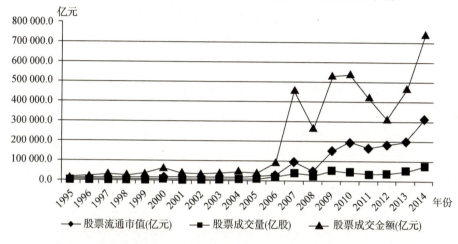

图 9-7　1995—2014 年中国股票市场和成交规模
数据来源：国家统计局。

　　三是证券市场换手率在 2002 年之后不断上升。如图 9-8 所示，随着股票交易规模的持续扩大，证券市场换手率在经历了 2000 年的下降后，不断上升；数值从 2002 年的 66.61% 上升至 2011 年的 178.36%。从单个交易所平均换手率来看，深圳交易所要远高于上海交易所，特别是 2010 年后，比如 2012 年，沪深两个交易所换手率都处于谷底，分别为 101.6% 和 297.9%；之后开始上涨，到2014 年，上海交易所换手率上升至 173.8%，深圳交易所上升至 478%。

　　其次，债券市场不断发展，企业债券发行金额持续攀高。如图 9-9 所示，2004 年之前，我国债券市场的主要交易品种是国债，2005 年后，企业债券发行规模持续上涨，在 2011 年超过国债。特别是 2012 年，国债整体发行金额为16 154.2 亿元，而企业债券的发行金额为 37 366 亿元，为前者的 2.3 倍。

图 9-8　1992—2011 年证券市场换手率

数据来源：IMF。

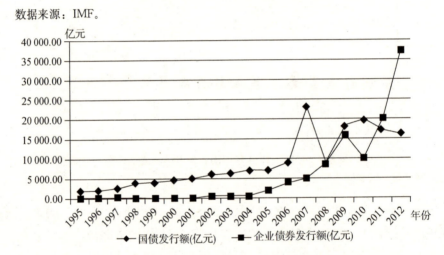

图 9-9　1995—2012 年国债和企业债券发行情况

数据来源：国家统计局。

　　随着国债和企业债券发行规模的上涨，债券成交金额也不断攀高。2005 年，债券成交金额为 228 457 亿元，到 2006 年上涨至 383 839 亿元，之后不断上涨，到 2013 年，成交额已经高达 2 675 851 亿元，增加了 11.7 倍。

　　最后，金融市场不断创新，金融衍生工具交易规模持续增加。在金融市场不断发展、规模持续扩大的过程中，金融衍生产品交易也开始繁荣起来。从图 9-10 可以看出，2005 年前，期货成交规模很小，增长幅度也不大；但是之后却呈现大幅上涨趋势。从成交金额考察，从 2005 年的 134 463.4 亿元迅速上涨至 2007

年的 409 740.8 亿元，到 2010 年已经上涨至 2 959 480 亿元；经历 2011—2012 年的下浮后，到 2014 年，再度上涨至 2010 年的水平。

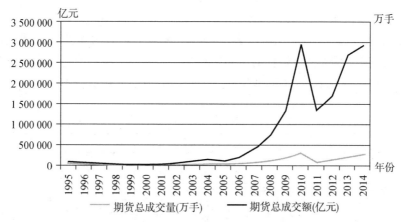

图 9-10　1995—2014 年期货成交情况

数据来源：国家统计局。

四、银行总资产不断增加，经营效益出现下滑

首先，银行类金融机构总资产规模不断上升，大型银行集中度逐步下降。如图 9-11 所示，2007 年以后银行类金融机构的总资产规模上涨十分显著，2007 年第一季度银行类金融机构总资产规模为 459 288.8 亿元，到 2011 年第一季度就上升至 1 011 576 亿元，到 2013 年第四季度已经上升至 1 513 547 亿元；大型商

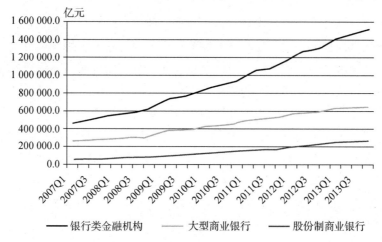

图 9-11　2007—2013 年中国银行类金融机构总资产情况（季度数据）

数据来源：中国银行业监督管理委员会。

业银行的总资产规模也持续上升，2007 年第一季度总资产规模为 253 470.2 亿元，到 2013 年第四季度上升至 656 005 亿元；股份制商业银行总资产规模在2007 年第一季度为 56 902.9 亿元，到 2013 年第四季度增长至 269 361 亿元。

此外，从图 9-11 我们还可以看出，2008 年以后，大型商业银行增长速度有所放缓，低于银行业金融机构的平均增长率。为进一步考察银行类金融机构总资产的增长情况，我们将大型商业银行、股份制商业银行和银行类金融机构平均的增长率进行对比，详见图 9-12。

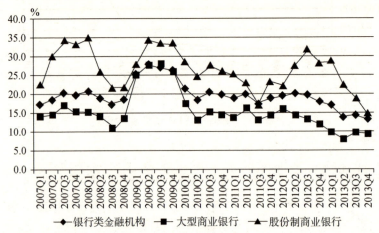

图 9-12　2007—2013 年中国银行类金融机构总资产增长情况（季度数据）
数据来源：中国银行业监督管理委员会。

从图中我们可以更加直观地看出，大型商业银行总资产的增长速度一直低于银行类金融机构水平，而股份制商业银行的增长速度除了个别季度外，均超过了银行业的平均水平。在这种情况下，大型商业银行和股份制商业银行在银行类金融机构中的占比也发生了一定的变化。

对此，我们将大型商业银行和股份制商业银行总资产占银行类金融机构总资产的比重情况进行了对比分析。从图 9-13 可以看出，大型商业银行在银行类金融机构总资产中的占比自 2007 年以后，呈现逐步下降的趋势，从 55.2％一直下降至 43.3％；而股份制商业银行的占比一直稳步上升，从 12.4％增长至 17.8％。

但是，综合考察大型商业银行和股份制商业银行，发现两者在银行类金融机构总资产中的占比也处于逐渐下降的趋势，从 2007 年的 67.6％下降至 2013 年的61.1％。由此可见，银行业整体集中率逐步下降，竞争程度加强；各类城市商业银行、其他类金融机构，比如政策性银行、农村商业银行、农村合作银行、外资

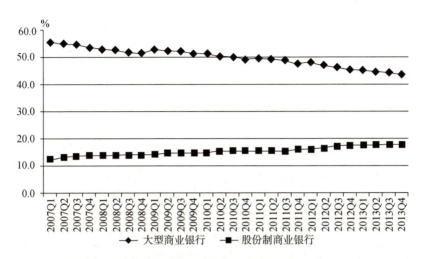

图 9-13　2007—2013 年大型商业银行和股份制商业银行总资产占比情况（季度数据）
数据来源：中国银行业监督管理委员会。

金融机构、城市信用社、农村信用社、企业集团财务公司、信托投资公司、金融租赁公司、汽车金融公司、货币经纪公司和邮政储蓄银行，在整个银行业中的占比逐渐增加。

其次，随着银行资产规模的增加，非利息收入占比逐步增加，但是经营效益出现小幅下滑。如图 9-14 所示，从收入构成上看，净利息收入基本稳定，非利息收入有所上升。2011—2014 年，商业银行的净息差稳定在 2.7% 左右，波动较小；非利息收入占比尽管有所波动，但是整体有所上升，2011 年第一季度为 20.8%；2014 年第四季度上升至 21.47%，第一季度甚至上升至 24.38%。成本收入比波动比较大，但是整体维持在 30% 左右。

姚文韵（2012）曾选用 2000—2010 年 14 家上市商业银行数据作为研究样本，考察了商业银行非利息收入与银行绩效之间的关系，发现非利息收入份额与资产收益率（ROA）存在不显著的负向关系，手续费和佣金收入份额与资产收益率（ROA）为显著的正相关关系，而其他业务收入份额却与资产收益率（ROA）有显著的负相关关系。我们发现中国的商业银行随着非利息收入占比的缓慢增加，整体盈利能力也有所下降。从图 9-14 可以看出，资产利润率 2011 年维持在 2.4% 左右，2014 年已经下降至 2.23%；资本利润率在 2011 年维持在 22.4% 左右，到 2014 年已经下降至 17.59%。可见，商业银行通过金融创新扩大非存贷款业务，并未显著提高经营效益。

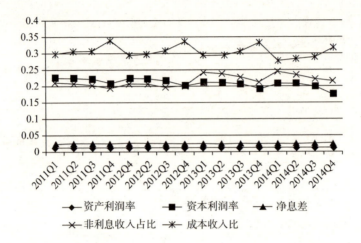

图 9-14　2011—2014 年商业银行效益指标构成情况（季度数据）

数据来源：中国银行业监督管理委员会。

最后，商业银行整体流动性逐步提高，短期偿债能力增强。尽管经营效益有所下降，但是商业银行稳定性有所提升，从流动性比例走势图（见图 9-15）可以看出，2008 年金融危机后，商业银行短期偿债能力有所下降，但是到 2011 年开始稳步上升，之后尽管有所波动，但是一直维持在 42% 以上。

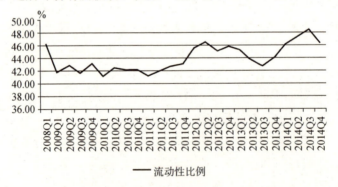

图 9-15　2008—2014 年商业银行流动性比例情况（季度数据）

数据来源：中国银行业监督管理委员会。

可见，金融危机后，银行类金融机构迫于内外压力进行调整和改革，安全性有所提升，比如短期偿债能力增强，但是经营效益却出现小幅下浮，这可能是因为商业银行通过拓展新业务来获取非利息收入并不成功，也可能是大型商业银行集中度回归合理水平的短期损失。

五、社会融资规模稳步上升，构成发生较大变化

一方面，社会融资中银行融资规模持续上涨。影子银行又称为平行银行系统，其概念由美国太平洋投资管理公司执行董事麦卡利首次提出。在美国，它包括投资银行、对冲基金、货币市场基金、债券保险公司、结构性投资工具等非银行金融机构。国际货币基金组织（IMF）结合中国情况，将影子银行定义为"受到监管的银行体系外的金融中介活动"。中国银监会在2011年年报中，曾从广义和狭义两方面对影子银行进行定义。从广义上来看，影子银行是指传统银行体系之外涉及信用中介的活动和机构；从狭义上来看，则是可能引起系统性风险和监管套利的非银行信用中介机构。

我国影子银行系统的成因是国家严格的金融控制导致正规金融机构尤其是传统银行不能满足实体经济发展对资金的需求，是传统银行和投资者在资金供求关系作用过程中逐步发展起来的，是我国迈向利率市场化进程的产物。根据我国影子银行的起源及其发展特点，可以将影子银行分为：银行主导型影子银行、传统银行模式的非银行机构、不受或较少受到监管的影子银行。银行主导型影子银行主要包括：非保本类银行理财产品、银信合作、银证信合作、信托受益权、银证合作、民间票据市场、未贴现银行承兑汇票等。传统银行模式的非银行金融机构主要包括：委托贷款、房地产信托、非银行主导型信托等传统信托业务。不受或较少受监管的影子银行主要包括：民间借贷、小额贷款公司、典当公司、担保公司、券商资产管理业务等。

本书重点考察委托贷款和信托贷款的发展情况。从表9-6可以看出，2005年以后，社会融资规模持续上涨，从2005年的30 008亿元持续上涨至2014年的164 133亿元，特别是2009年上涨速度十分显著，从69 802亿元飙升至139 104亿元，一年内就翻了一倍。而其中委托贷款和信托贷款也在2005年后取得较快增长。其中委托贷款从2005年的1 961亿元上涨至2013年的25 466亿元；信托贷款从2006年的825亿元迅速上涨至2009年的4 364亿元，经历了2010—2011年的下跌后，2012年迅速反弹至12 845亿元，然后又飙升至2013年的18 404亿元。

表 9-6　2002—2014 年委托贷款、信贷贷款和社会融资规模情况

单位：亿元

年份	委托贷款	信托贷款	社会融资规模
2002	175		20 112
2003	601		34 113
2004	3 118		28 629
2005	1 961		30 008
2006	2 695	825	42 696
2007	3 371	1 702	59 663
2008	4 262	3 144	69 802
2009	6 780	4 364	139 104
2010	8 748	3 865	140 191
2011	12 962	2 034	128 286
2012	12 838	12 845	157 631
2013	25 466	18 404	173 168
2014	25 069	5 174	164 133

数据来源：国家统计局。

与此同时，互联网金融业逐渐成为社会融资的重要力量。2005 年以前，互联网与金融的结合更多地体现在为金融机构提供技术支持，帮助金融机构"把业务搬到网上"，并未出现真正意义上的互联网金融业态。2005 年以后，网络借贷开始萌芽并发展，第三方支付机构也逐渐成长，截至 2014 年上半年，P2P 借贷平台已经发展至 1 184 家，借款人为 18.9 万人，投资人为 44.36 万人。进入 2013 年"互联网金融元年"后，互联网金融更是发展极为迅猛，除了 P2P 借贷平台快速发展外，众筹平台、专业网络保险公司也得到批准，银行、券商也纷纷以互联网为依托，对传统业务模式进行改造重组，创新推出业务平台；截至 2014 年 7 月底，中国人民银行为 269 家第三方支付企业颁发了支付业务许可证。《中国支付清算行业运行报告（2014）》显示，截至 2013 年年末，中国第三方支付市场规模已经达到 16 万亿元，同比增长 60%，其中互联网支付业务 150.01 亿笔，金额高达 8.96 万亿元；2014 年上半年中国网贷行业成交量为 818.7 亿元，全年成交量超过 2 000 亿元。

六、小结

从上述分析可得出如下简单结论：

一是目前说中国存在金融发展过度问题还为时过早。尽管货币供应量大幅上涨，但是银行和证券市场扩张速度并不十分明显。一方面，银行类金融机构总资产规模上升速度并不十分显著，将总资产规模和同期 GDP 数据进行对比后会发现，2004 年第四季度，银行类金融机构总资产规模为 GDP 的 2.3 倍，该数值一直维持到 2012 年才上升至 2.57 倍，2013 年再次上涨到 2.66 倍，可见相对于 GDP 的增长，银行类金融机构整体扩张速度并不显著；另一方面，证券市场创新产品交易份额较小，从证券市场整体分析可以看出，股票市场发展较为迅速，但是债券市场整体规模还比较小，特别是企业债券，市场交易处于刚刚起步阶段。

二是要谨防个别金融部门出现发展过度问题。一方面，股票市场整体规模和交易金额上涨幅度过快，相比债券市场和金融衍生品市场，中国股票市场发展尤为迅速，交易金额屡创新高，主要交易所证券换手率也不断提高；另一方面，尽管大型商业银行和股份制商业银行总资产占银行类金融机构的比重有所下降，但是其在金融创新、对外交往中的绝对优势，很容易再次使得银行类金融机构整体集中度提高。

三是互联网金融在侵蚀商业银行市场份额的同时，也将加快金融部门扩张速度，触发金融发展过度问题。互联网金融的发展将极大地满足中小企业的融资需求，有效促进经济增长；但是也将进一步提高经济虚拟化程度，如果任由其发展，势必加快整个金融部门规模的增长。

第三节 中国金融发展的对策建议

美国金融发展过度问题为中国金融发展带来如下启示：一是要保持金融与实体经济的均衡发展，二是要谨防房地产市场泡沫，三是要加强监管，保持适度金融创新。

一、保持金融与实体经济的均衡发展

现代经济系统的持续发展离不开金融和实体经济的协调发展，适度的经济发展，可以通过提高投资转化率、投资效率促进实体经济增长；而实体经济的增长，通过增加对金融的需求进而促进金融发展，因此适度的金融发展和实体经济增长互为作用、互为原因，因此都具有一定的周期性，而两者的共同运行特征也构成了现代经济系统从繁荣走向衰落的全过程。但是金融发展和实体经济发展的周期并不是同步的，金融的发展有可能快于或者慢于实体经济的发展，当金融发展快于实体经济发展时，就表现为经济泡沫，甚至产生金融危机，如美国的情况；当金融发展落后于实体经济发展时，表现为金融抑制，即金融发展不能有效促进经济增长。因此，过快或者过慢的不均衡发展都将制约实体经济的发展。

20世纪80年代后的美国，凭借各种金融衍生品的交易，金融的高杠杆化运行带动金融资产总量迅速飙升，在挤压实体经济发展的同时，也造成经济的虚假繁荣和经济泡沫的不断积累，最终引发金融危机。因此金融发展和实体经济的背离，会加大经济的投机性，特别是现代金融脱离实体经济增长的独立发展趋势，更让其成为经济链条中最为脆弱的环节，在全球化背景下，不但对本国经济造成创伤，还会通过各种渠道传染至全世界。

对中国而言，要认真吸取美国金融发展过度的深刻教训，确保金融衍生产品的设计和交易依托国内经济发展的内在需求，使金融发展切实为实体经济发展服务。但更重要的是，应认清中国金融发展的现实，即金融发展相比经济增长并不是过快和过度，而是过慢和不足。

因此，中国首先应在坚持金融发展为实体经济服务的本质要求基础上，适度推进金融深化，完善金融市场体系，提供优质金融服务。针对中国国内金融市场体系不够完善，居民和企业财富增加但是面临投资渠道受限，同时有限的投资渠道容易催生较多投机性交易的现实，应该尽快完善金融市场体系，拓宽投资渠道，为居民和企业提供优质的金融服务。

其次，在推进金融深化的同时，要确保金融发展结构与实体经济发展结构相匹配。金融发展的总量与实体经济的总量匹配并不一定能促进经济增长，还需要两者结构的匹配。比如，尽管中国金融总量和信贷总量一直在提高，但是中小企业融资难问题一直悬而未决。因此，只有两者结构也实现匹配才能达到金融发展的最优边界，切实为实体经济发展服务。

最后，要促进和加强产业结构调整，加快转变经济发展模式，在实体经济中寻找内生的增长动力，而不是依托资产价格上升带动整体经济的增长。脱离实体经济的金融高度增长并不能带来真正的增长，因此要从实体经济中寻找经济增长的内生动力。当前，中国的经济发展模式已经不能推动可持续发展，因此要加快和促进产业结构调整，提高第二产业的发展进程，大力发展高新技术、绿色能源等产业；将出口驱动型的发展模式转化为依赖于技术创新型投资、出口和消费共同驱动的增长模式，确保实体经济的可持续发展，从而实现金融发展和实体经济增长的良性互动。

二、谨防房地产市场泡沫

要谨防房地产泡沫。2014 年年末到 2015 年年初，中国经济跨入"新常态"，央行先后推出降准降息等政策，缓解经济紧缩压力，但是 CPI、PPI 等指标却显示中国经济很可能陷入通货紧缩。一旦经济紧缩和房价下跌同时出现，将对中国经济产生沉重打击。因此，中国应加紧推动和完善不动产登记，确保房地产市场信息透明，维护房地产市场合理有序发展。

尽管中美房地产市场发展存在一些差异，但是美国房地产市场泡沫的形成和危害仍然为中国房地产市场的发展敲响了警钟。因此，需要从以下几个方面进行防范。

一是金融机构要严格住房信贷资格审查，避免向不合格客户发放信贷。二是审慎推进住房抵押贷款证券化。我们应该清楚地认识到，证券化相关的金融创新产品只是分散了风险的配置结构，并不能消灭风险。因此在推进过程中，要防止金融过度创新，将金融创新工具的推出和交易限制在合理范围内。三是加强住房信贷市场和住房市场的风险监测和评估。商业银行要对贷款对象进行分级管理，针对其潜在风险，建立相关信用评级制度；还要关注宏观经济运行形势对该市场的冲击情况，及时调整信贷条件，降低市场风险。政府相关部门也要对商业银行等金融机构的风险管控能力进行有效的监管和约束，将各项房地产金融业务纳入监管之中，防止其以创新的名义规避监管，制定风险防范措施和调控政策，对住房信贷市场进行综合监督和调控。

最后，建立个人、企业信用征信体制，减少恶意违约风险，加大对不诚信开发商的打击和监管力度。个人信用征信可以为金融机构提供信用查询验证服务，帮助其获取客户真实、完善的信用资料，据此金融机构可以针对不同信用的贷款对象，设计不同的贷款条件、还款期限和利率等，也可以及时监督贷款对象的经济状态。企业信用征信可以为住建委、其他监管部门以及金融机构提供开发商的信用情况，对不法开发商要进行严厉打击，推动房地产市场合理有序发展。

三、加强监管，保持适度创新

尽管中国金融衍生产品市场并不发达，但是美国金融衍生产品过度创新和交易，监管机构对其的过度放松监管而造成监管真空与监管缺失引致金融危机的惨痛教训，值得反思和引以为鉴。

首先，要正确处理金融监管与金融创新的辩证关系。中美国情差别较大，中国金融市场发达程度较低，如果对金融创新及金融衍生产品市场实行过紧的立法和监管，必将影响其发展。因此目前中国应该在维护金融体系稳定的同时，审慎推进金融衍生产品业务，科学设计金融衍生产品，激发市场活力。

其次，要统一金融衍生产品交易监管，尽快完善金融衍生产品市场的准入监管，从源头上降低系统风险爆发的可能。中国应该对从事金融衍生品业务的金融机构和个人实施严格的准入，并针对金融机构从事不同业务制定差别资本充足率要求；同时加强高管个人行为监管，把握住金融活动决策的源头，使金融机构相关决策更加理性。

最后，要强化有效的信息披露和风险揭示制度，改进财务和会计制度，使其能够有效反映金融衍生品交易的规模、风险及其对金融机构稳定性的影响等关键问题，以适应金融衍生品市场监管的需要，确保金融衍生品市场的稳定运行。

参考文献

［1］巴曙松. 流动性过剩的控制与机遇［J］. 资本市场, 2007（1）: 74-77.

［2］白钦先. 金融可持续发展研究导论［M］. 北京: 中国金融出版社, 2001.

［3］蔡庆丰, 宋友勇. 金融中介的利益冲突、自我膨胀与经济增长: 实证研究与理论反思［J］. 2009.

［4］陈红. 美国证券市场发展的历史演进［J］. 经济经纬, 2006（1）: 133-136.

［5］陈继勇, 盛杨怿, 周琪. 解读美国金融危机——基于实体经济的视角［J］. 经济评论, 2009（2）: 73-78.

［6］陈卫东. 美国金融监管改革对全球金融市场的影响及中国的风险［J］. 国际金融研究, 2010（9）.

［7］陈晓亮, 韩永辉, 邹建华. 美国房地产泡沫, 世界经济不平衡与金融危机——兼驳金融危机根源外部论［J］. 国际金融研究, 2011（002）: 63-71.

［8］陈晓亮, 韩永辉, 邹建华. 全球化背景下美国"资产经济"模式与世界经济不平衡［J］. 经济学家, 2011（8）: 96-104.

［9］陈雨露, 汪昌云. 金融学文献通论: 原创论文卷［M］. 北京: 中国人民大学出版社, 2006.

［10］程大涛. 基于 MBS 的金融衍生品交易风险传导及其防范［J］. 财贸经济, 2009（8）: 22-28.

［11］范锐. 我国房地产金融风险研究［D］. 南昌: 江西财经大学, 2006.

［12］范学俊. 金融发展与经济增长——1978—2005 中国的实证检验［D］. 武汉: 华东师范大学, 2007.

［13］冯晶, 周宁宁. 金融机构杠杆率的演变和启示［J］. 南方金融, 2009（4）: 12-14.

［14］戈德史密斯. 金融结构与金融发展［M］. 上海: 上海三联书店, 上海人民出版社, 1994.

［15］韩晓莉. 金融服务贸易自由化的增长效应［D］. 济南: 山东大学, 2010.

［16］何树红, 张宜坤, 刘婷. 金融过度创新反思［J］. 商业时代, 2010（10）: 39-40.

［17］贺力平, 林娟. 试析国际金融危机与全球经济失衡的关系——兼评伯南克-保尔森"金融危机外因论"［J］. 国际金融研究, 2009（5）: 29-38.

［18］胡海峰, 倪淑慧. 金融发展过度: 最新研究进展评述及对中国的启示［J］. 经济学动态,

2013 (11)：88-96.

[19] 华鸣. 美国次贷危机中的金融衍生品及其风险传递研究 [J]. 财务与金融，2009 (1)：10-13.

[20] 江春，许立成. 金融监管与金融发展：理论框架与实证检验 [J]. 金融研究，2005 (4)：79-86.

[21] 蒋水冰. 我国金融发展的影响因素研究：理论与实证 [D]. 上海：复旦大学，2010.

[22] 金成晓，王猛. 国外流动性过剩理论的最新发展：一个文献综述 [J]. 江汉论坛，2008 (9)：19-22.

[23] 李方. 全球经济失衡下的金融泡沫经济 [J]. 国际金融研究，2007 (4)：63-68.

[24] 李敏. 金融创新与经济增长关联性的系统动态研究 [D]. 武汉：武汉理工大学，2010.

[25] 李素琴. 全球资本视角下流动性过剩的成因、折射的问题及解决方案 [J]. 当代经济研究，2008 (1)：53-57.

[26] 李喜梅. 基于功能视角的我国农村金融发展研究 [D]. 长沙：湖南大学，2006.

[27] 李晓西，杨琳. 虚拟经济、泡沫经济与实体经济 [J]. 财贸经济，2000，6 (5).

[28] 李扬，何海峰. 美国经常账户失衡：表现、理论与政策——兼驳伯南克"世界储蓄过剩"论 [J]. 国际金融研究，2009 (012)：4-13.

[29] 李勇. 房地产价格波动与金融稳定研究 [D]. 苏州：苏州大学，2012.

[30] 李钊，李国平，王舒健. 金融发展与经济增长：基于两部门模型的中国实证研究 [J]. 南方经济，2006 (4)：32-40.

[31] 廖国民. 监管松弛、过度创新与资产泡沫——对美国金融危机的一个分析逻辑 [J]. 国际经贸探索，2009 (8)：42-46.

[32] 刘路阳. 美国经常项目逆差的原因及可持续性 [D]. 长春：吉林大学，2008.

[33] 刘明彦. 美国房地产泡沫：谁是始作俑者？ [J]. 银行家，2008 (12)：90-93.

[34] 刘玉成. 金融机制相关理论综述——从金融深化论到最适金融结构论 [J]. 经济研究导刊，2008 (6)：45-47.

[35] 卢锋，刘鎏. 格林斯潘做错了什么？——美联储货币政策与次贷危机关系 [J]. 2009.

[36] 芦锋. 中国商业银行效率的测度与研究 [D]. 太原：山西大学，2012.

[37] 路锦非，魏星. 养老金发展的影响因素分析——基于美国私营养老金发展的实证研究 [J]. 经济经纬，2009 (2)：153-156.

[38] 吕鹰飞. 我国金融业投入产出关联及效率分析 [D]. 长春：吉林大学，2012.

[39] 马卫锋，王春峰，黄解宇. 金融发展与经济增长：实证研究文献述评 [J]. 财贸研究，2006 (2)：100-104.

[40] 马宇. 美国次贷危机的根源：泡沫经济 [J]. 海南大学学报（人文社会科学版），2010 (4).

[41] 明明. 全球流动性的计量及其与我国外汇储备变化的相关性 [J]. 金融理论与实践，

2012（4）：45-49.

[42] 彭欢，雷震. 放松管制与我国银行业市场竞争实证研究［J］. 南开经济研究，2010（2）：80-97.

[43] 秦建文，梁珍. 汲取美国金融危机的教训 稳健推进中国金融创新［J］. 国际金融研究，2009（7）：43-50.

[44] 邱兆祥，安世友. 金融与实体经济关系的重新审视［J］. 教学与研究，2012（9）：48-53.

[45] 沈军. 新金融效率观与金融效率实证评估框架［J］. 金融理论与实践，2003（5）：7-9.

[46] 史蒂芬·罗奇. 史蒂芬·罗奇谈美国经济衰退［J］. 新财富，2008.

[47] 萨秋荣. 房地产价格波动与银行信贷关系研究［D］. 天津：南开大学，2011.

[48] 宋春红，苏敬勤. 美国房地产经纪市场运行效率综述［J］. 中国房地产估价与经纪，2008（3）：20-24.

[49] 宋斌. 次贷危机与我国住房信贷风险防范［J］. 财经科学，2009（5）：11-16.

[50] 苏基溶. 金融发展理论及其在中国的实证研究［D］. 长沙：湖南大学，2010.

[51] 孙刚. 论金融发展与经济增长的联系——以美国工业化时期为背景的比较研究［J］. 财经问题研究，2003（11）：21-28.

[52] 孙力军. 中国金融发展与经济增长关系的理论和实证分析［D］. 上海：复旦大学，2007.

[53] 谈儒勇. 金融发展与经济增长：文献综述及对中国的启示［J］. 当代财经，2005（12）：42-47.

[54] 陶表益. 中美两国银行业集中度—利润关系的比较研究［J］. 金融与经济，2013（4）：52-56.

[55] 陶珍生. 我国金融发展的收入分配效应研究［D］. 武汉：华中科技大学，2011.

[56] 田代臣. 金融结构优化与经济发展研究［D］. 成都：西南财经大学，2010.

[57] 王冬生. 中国金融市场发展与经济增长［D］. 重庆：西南大学，2007.

[58] 王广谦. 经济发展中金融的贡献与效率［M］. 北京：中国人民大学出版社，1997.

[59] 王俐娴. 从次贷危机认识金融过度创新的风险［J］. 思想战线，2009，1.

[60] 王胜. 银行信贷扩张与房地产泡沫生成：理论、模型与实证［D］. 成都：西南财经大学，2008.

[61] 王振山. 金融效率论——金融资源优化配置的理论与实践［M］. 北京：经济管理出版社，2000.

[62] 王志军. 20 世纪 90 年代以来美国商业银行盈利性发展分析［J］. 国际金融研究，2007（4）：23-31.

[63] 魏有春，朱腊生. 金融抑制与货币政策——理论与实证分析［J］. 金融与经济，1992（12）：009.

[64] 吴奉刚，陈国伟. 金融效率研究评述［J］. 金融发展研究，2008（10）：11-13.

[65] 伍巧芳. 美国金融监管改革及其借鉴［D］. 上海：华东政法大学，2012.

[66] 伍志文，张琦. 金融发展和经济增长背离：理论观点述评 [J]. 上海经济研究，2005 (11)：23-32.

[67] 夏新斌，曾令华. "流动性过剩"研究综述（上）[J]. 技术经济与管理研究，2009 (1).

[68] 徐景. 美国金融结构研究 [D]. 长春：吉林大学，2013.

[69] 杨德权，梁艳. 金融发展与经济增长：国外研究综述 [J]. 财经问题研究，2005 (3)：15-19.

[70] 杨洋，杨怡爽. 论金融发展的非线性增长效应与最优边界 [J]. 云南财经大学学报 PKU CSSCI，2013 (3).

[71] 杨子晖. 财政政策与货币政策对私人投资的影响研究 [J]. 经济研究，2008 (5)：81-93.

[72] 姚莉，任碧云. 关于美国金融危机的几点反思 [J]. 学术论坛，2009 (4)：101-103.

[73] 殷剑峰. 金融系统的功能、结构和经济增长 [D]. 北京：中国社会科学院，2003.

[74] 尹志锋. 美国金融危机与金融衍生产品的杠杆化 [J]. 金融管理与研究（杭州金融研修学院学报），2009 (4).

[75] 余虹. 1934—2010 年美国银行业盈利模式变迁的价值链解析与启示 [J]. 当代经济科学，2012 (2)：56-63.

[76] 张兵，范致镇，李心丹. 中美股票市场的联动性研究 [J]. 经济研究，2010 (11)：141-151.

[77] 张纯威. 美元本位、美元环流与美元陷阱 [J]. 国际金融研究，2008，6 (4).

[78] 张鹏. 20 世纪 60 年代以来美国金融创新及其主要外部动因 [D]. 北京：中国社会科学院研究生院，2013.

[79] 张晓晶，汤铎，林跃勤. 金融危机、全球失衡与中国经济的复苏 [J]. 经济研究，2009 (5)：4-20.

[80] 张屹山，张代强. 前瞻性货币政策反应函数在我国货币政策中的检验 [J]. 经济研究，2007，3 (1).

[81] 张智峰. 虚拟经济与实体经济非协调发展研究 [D]. 天津：天津财经大学，2007.

[82] 赵爱清，杨五洲. 关于全球流动性过剩问题的文献综述 [J]. 经济纵横，2009 (11)：123-125.

[83] 赵崇生，高新才. 金融效率理论框架：一个文献综述 [J]. 兰州商学院学报，2006，20 (6)：38-45.

[84] 郑晖. 美国信用衍生品交易监管立法的评述及对我国的启示与借鉴 [J]. 海南金融，2011 (003)：56-60.

[85] 郑志刚. 金融发展的决定因素——一个文献综述 [J]. 管理世界，2007 (3)：138-151.

[86] 钟伟，顾弦. 从金融危机看金融机构的去杠杆化及其风险 [J]. 中国金融，2009 (2)：24-25.

[87] 周国富，胡慧敏. 金融效率评价指标体系研究 [J]. 金融理论与实践，2007 (8)：15-18.

［88］周京奎. 金融支持过度与房地产泡沫研究［D］. 天津：南开大学，2004.

［89］周南. 美国金融监管的制度变迁及其对我国的启示［D］. 长沙：湖南大学，2012.

［90］周小川. 关于改变宏观和微观顺周期性的进一步探讨［J］. 中国金融，2009（8）：8-11.

［91］周小燕. 经济转型中我国商业银行效率与相关因素研究［D］. 上海：复旦大学，2007.

［92］朱大地. 中国金融结构制度变迁及动因分析［D］. 北京：北京邮电大学，2007.

［93］朱民. 影响全球经济金融的五大风险［J］. 国际金融研究，2007（2）：4-16.

［94］朱民. 全球流动性过剩背景下的东亚金融合作［J］. 外交评论（外交学院学报），2007（3）：21-23.

［95］朱闰龙. 金融发展与经济增长文献综述［J］. 世界经济文汇，2005（6）：46-64.

［96］朱月. 全球经济失衡与全球金融危机［J］. 管理世界，2009（12）：172-173.

［97］ALLEN F，GALE D. Comparing Financial Systems［M］. MIT Press Books，2001. 1.

［98］ALLEN F，SANTOMERO A M. The theory of financial intermediation［J］. Journal of Banking & Finance，1997，21（11）：1461-1485.

［99］ALLEN F，GALE D. Bubbles and Crises［J］. The Economic Journal，January，（1）：236-260.

［100］ALOUI R，AISSA M S，NGUYEN D K. Global Financial Crisis，Extreme Interdependence and Contagion Effects：The Role of EconomicStructure？［J］. Journal of Banking & Finance，2011（35）：130-141.

［101］ARCAND J. L.，BERKES E.，PANIZZA U. Too much Finance？［R］. IMF Working Paper，2012，12/161.

［102］ARCAND J. L.，BERKES E.，PANIZZA U. Finance and Economic Development in a Model with Credit Rationing［R］. IHEID Working Papers，No：02/2013.

［103］ARESTIS P，DEMETRIADES P O，LUINTEL K B. Financial Development and Economic Growth：the Role of Stock Markets［J］. Journal of money credit and banking，2001，33（1）：16-41.

［104］ARESTIS P，DEMETRIADES P. Financial Development and Economic Growth：Assessing the Evidence［J］. The Economic Journal，1997，107（442）：783-799.

［105］BECK T，BÜYÜKKARABACAK B，RIOJA F，et al. Who Gets the Credit？And Does It Matter？［J］. European Banking Center Discussion Paper No，2009，12.

［106］BECK T，LEVINE R，LOAYZA N. Finance and the Sources of Growth［J］. Journal of Financial Economics，2000，58（1）：261-300.

［107］BECK T，LEVINE R. Stock Markets，Banks，and Growth：Panel Evidence［J］. Journal of Banking & Finance，2004，28（3）：423-442.

［108］BECK T. Finance and Growth - Lessons from the Literature and the Recent Crisis［R］. Submission to the LSE Growth Commission，2012.

[109] BECK T, LEVINE R. Financial Intermediation and Growth: Correlation or Causality [J]. Journal of Monetary Economics, 2000 (46): 31-77.

[110] BECK T, DEMIRGÜC-KUNT A, LEVINE R. Law, Endowments and Finance [J]. Journal of Financial Economics, 2003.

[111] BEKAERT G., M. EHRMANN, M. FRATZSCHER, A. MEHL. Global Crises and Equity Market Contaglon [R]. ECB Working Paper, No. 1381 /SEPTEMBER 2011.

[112] BERGER A N, HUMPHREY D B. Efficiency of Financial Institutions: International Survey and Directions for Future Research [J]. European Journal of Operational Research, 1997, 98 (2): 175-212.

[113] BERNANKE. Four Questions about the Financial Crisis [EB/OL]. http://www.federalreserve.gov/newsevents/speech/bernanke20090414a.htm.

[114] BERNANKE. Global Imbalances Recent Developments and Prospects [EB/OL]. http://www.federalreserve.gov/newsevents/speech/Bernanke20070911a.htm.

[115] BERNANKE. The Global Saving Glut and the U.S. Current Account Deficit [EB/OL]. http://www.federalreserve.gov/boarddocs/speeches/2005/200503102/default.htm.

[116] BIBOW J. Global Imbalances, the US Dollar, and How the Crisis at the Core of Global Finance Spread to "Self-insuring" Emerging Market Economies [R]. Working paper, Levy Economics Institute, 2010.

[117] BODIE Z, MERTON R C. Pension Benefit Guarantees in the United States: A Functional Analysis [M]. Pension Research Council, WhartonSchool of the University of Pennsylvania, 1992.

[118] BOLTON P., SANTOS T., SCHEINKMAN J. A. Cream Skimming in Financial Markets [R]. NBER Working Paper, No. 16804, 2011.

[119] BOYER BH., T. KUMAGAI, K. YUAN. How do Crises Spread? Evidence from Accessible and Inaccessible Stock Indices [J]. Journal of Finance, 2006, 61 (2): 957-1003.

[120] BREWER III E, JAGTIANI J. How Much did Banks pay to Become Too-Big-To-Fail and to Become Systemically Important? [J]. Journal of Financial Services Research, 2013, 43 (1): 1-35.

[121] BURTON G. MALKIEL. Asset Management Fees and the Growth of Finance [J]. Journal of Economic Perspectives, 97-108.

[122] CAMERON CRISP, PATRICK TILLY. A Study in Comparative Economic History [M]. New York: Oxford University Press, 1967.

[123] CAPELLE-BLANCARD G., LABONNE C. More Bankers, More Growth? Evidence from OECD Countries [R]. CEPII Working Paper, 2011-22.

[124] CASU B, MOLYNEUX P. A Comparative Study of Efficiency in European Banking [J].

Applied Economics, 2003, 35 (17): 1865-1876.

[125] CECCHETTI S. G., KHARROUBI E. Reassessing the Impact of Finance on Growth [R]. Bank for International Settlements, 2012.

[126] CHEN J. Does more Finance Lead to more Crises? [R]. Job Market Paper, Ohio State University, Finance Department.

[127] CHENG S Y, HO C C., H. The Finance-Growth Relationship and the Level of Country Development [J]. Journal of Financial Services Research, DOI 10.1007/s10693-012-0153-z.

[128] COCHRANE JOHN H. Finance: Function Matters, Not Size [J]. Journal of Economic Perspectives, 2013: 29-50.

[129] DE GREGORIO J., GUIDOTTI P. Financial Development and Economic Growth [J]. World Development, 1995, 23 (3), 433-448.

[130] DEMETRIADES P O, HUSSEIN K A. Does Financial Development Cause Economic Growth? Time-series Evidence from 16 Countries [J]. Journal of Development Economics, 1996, 51 (2): 387-411.

[131] DEMETRIADESM P, ROUSSEAU. P. L. The Changing Face of Financial Development [R]. MMF Conference, University of Birmingham, 2011.

[132] DEMIRGÜÇ - KUNT A, MAKSIMOVIC V. Law, Finance, and Firm Growth [J]. The Journal of Finance, 1998, 53 (6): 2107-2137.

[133] DEMIRGÜÇ-KUNT T B A, LEVINE R. Law and Firms' Access to Finance [J]. American Law and Economics Review, 2005, 7 (1): 211-252.

[134] DEYOUNG R. Banking in the United States [J]. The Oxford Handbook of Banking, Oxford University Press, UK, 2010.

[135] DIAMOND D., DIYBVIG P. 1983 Banks Runs, Deposit Insurance, and Liquidity [J]. Journal of Political Economy, (91): 401-419.

[136] DUCTOR L., GRECHYNA D. Excess Financial Development and Economic Growth [R]. Working Paper, 2011.

[137] DYCK A, ZINGALES L. Private Benefits of Control: An International Comparison [J]. The Journal of Finance, 2004, 59 (2): 537-600.

[138] EASTERLY W., ISLAM R., STIGLITZ J. Shaken and Stirred, Explaining Growth Volatility [R]. Annual Bank Conference on Development Economics. World Bank, WashingtonD. C., 2000.

[139] EPSTEIN G., CROTTY J. How Big is too Big? On the Social Efficiency of the Financial Sector in the United States [R]. PER Working Paper, No. 313, 2013.

[140] FAMA E F. Random walks in Stock Market Prices [J]. Financial Analysts Journal,

1995：75-80.

[141] FLOOD R.，GARBER P. . Collapsing Exchange Rate Regimes：Some Linear Examples [J]. Journal of International Economics，1984 (17)：1-13.

[142] FREI F X，HARKER P T，HUNTER L W. Inside the Black Box：What Makes a Bank Efficient? [J]. Performance of Financial Institutions：Efficiency，Innovation，Regulation，2000：259-311.

[143] FRY M J. In Favour of Financial Liberalisation [J]. The Economic Journal，1997，107 (442)：754-770.

[144] GENNAIOLI N. ，SHLEIFER A. ，VISHNY R. W. Neglected Risks，Financial Innovation，and Financial Fragility [R]. NBER Working Papers 16068，2010.

[145] GOLDIN CLAUDIA，KATZ L. F. Transitions：Career and Family Life Cycles of the Educational Elite [J]. American Economic Review，2008，98 (2)：363 – 69.

[146] GREENWOOD J，JOVANOVIC B. Financial Development，Growth，and the Distribution of Income [R]. National Bureau of Economic Research，1989.

[147] GREENWOOD R. ，SCHARFSTEIN D. The Growth of Finance [J]. Journal of Economic Perspectives，2013：3-28.

[148] GROSSMAN SANFORD，STIGLITZ J. On the Impossibility of Informationally Efficient Markets [J]. American Economic Review 1980 (70)：393-408.

[149] GURLEY J G，SHAW E S. Financial aspects of Economic Development [J]. The American Economic Review，1955，45 (4)：515-538.

[150] HAUNER D. Explaining Efficiency Differences Among Large German and Austrian Banks [J]. Applied Economics，2005，37 (9)：969-980.

[151] HICKS J R. A Theory of Economic History [J]. OUP Catalogue，1969.

[152] KINDLEBERGER C. P. MANIS. Panics and Crashes：A History of Financial Crisis [M]. New York：Basic Books，1978.

[153] KING R G，LEVINE R. Finance，Entrepreneurship and Growth [J]. Journal of Monetary economics，1993，32 (3)：513-542.

[154] KRUGMAN P. ，WELLS R. The Busts Keep Getting Bigger：Why [J]. The NY Review of Books，2011：14.

[155] KRUGMAN P. . A Model of Balance of Payments Crises [J]. Journal of Money，Credit and Banking，1979 (11)：311-325.

[156] KRUGMAN P. . What Happened to Asia? [J]. Mimeo，MIT，1998 (1).

[157] LA PORTA R，LOPEZ-de-SILANES F，SHLEIFER A，et al. Investor Protection and Corporate governance [J]. Journal of Financial Economics，2000，58 (1)：3-27.

[158] LA PORTA R，LOPEZ-DE-SILANES F，SHLEIFER A，et al. Law and Finance [M].

Springer BerlinHeidelberg, 2001.

[159] LAMOREAUX N R. Insider Lending: Banks, Personal Connections, and Economic Development in Industrial New England [M]. CambridgeUniversity Press, 1996.

[160] LEVINE R, LOAYZA N, BECK T. Financial Intermediation and Growth: Causality and Causes [J]. Journal of Monetary Economics, 2000, 46 (1): 31-77.

[161] LEVINE R, ZERVOS S. Capital Control Liberalization and Stock Market Development [J]. World Development, 1998b, 26 (7): 1169-1183.

[162] LEVINE R, ZERVOS S. Stock Markets, Banks, and Economic Growth [J]. American economic review, 1998a: 537-558.

[163] LEVINE R. Bank-based or Market-based Financial Systems: Which is Better? [J]. Journal of Financial Intermediation, 2002, 11 (4): 398-428.

[164] LEVINE R. Law, Finance, and Economic Growth [J]. Journal of Financial Intermediation, 1999, 8 (1): 8-35.

[165] LEVINE R. The Legal Environment, Banks, and Long-run Economic Growth [J]. Journal of Money, Credit and Banking, 1998: 596-613.

[166] LEVINE R.. More on Finance and Growth: More Finance, More Growth? [J]. The Federal Reserve Bank of St. Louis, 2003: 31-46.

[167] LOPEZ DE SILANES F, VISHNY R, SHLEIFER A. Agency Problems and Dividend Policies Around the World [J]. Journal of Finance, 2000, 60 (1): 1-33.

[168] LOZANO-VIVAS A, PASTOR J T, PASTOR J M. An Efficiency Comparison of European Banking Systems Operating under Different Environmental Conditions [J]. Journal of Productivity Analysis, 2002, 18 (1): 59-77.

[169] LUCAS JR R E. On the Mechanics of Economic Development [J]. Journal of Monetary Economics, 1988, 22 (1): 3-42.

[170] MAURICE OBSTFELD, KENNETH ROGOFF. Global Imbalance and the Financial Crisis: Products of Common Cause [EB/OL]. http: // papers. ssrn. com/sol3/papers. cfm? Abstract _ id=1533211 (2009).

[171] MCKINNON R I. Money and Capital in Economic Development [M]. Brookings Institution Press, 1973.

[172] MCKINNON R. , PILL H. . International Borrowing: A Decomposition of Credit and Currency Risks [J]. World Development, 1998 (7): 1267−1282.

[173] MINSKY H. The Financial Instability Hypothesis [J]. The Jerome Levy Economics Institute Working Paper, 1992 (74).

[174] MISKY H. . John Maynard Keynes [M]. New York: ColumbiaUniversity Press, 1975.

[175] MORCK R, SHLEIFER A, VISHNY R W. Do Managerial Objectives Drive bad Acquisitions? [J]. The Journal of Finance, 1990, 45 (1): 31-48.

[176] MORRISON A D, THEGEYA A, SCHENONE C, et al. Investment-Banking Relationships: 1933-2007 [J]. Available at SSRN, 2013.

[177] OBSTFELD M. . The Logic of Currency Crises [J]. Cashiers Economiqueet Montaires, 1994 (43): 189-213.

[178] OLIVIER BLANCHARD, GIAN MARIA MILESI-FERRETTI. Global Imbalances: In Midstream? [EB/OL] (2010 − 03 − 01) [2011 −02 − 01] http: // ssrn. com / abstract = 1559649.

[179] ORHANGAZI Ö. "Financial" VS. "Real": An Overview of the Contradictory Role of Finance. Research in Political Economy, 2011 (27): 121-148.

[180] PAGANO M, VOLPIN P. The Political Economy of Finance [J]. Oxford Review of Economic Policy, 2001, 17 (4): 502-519.

[181] PATRICK H. T. Financial Development and Economic Growth in Underdeveloped Countries [J]. Economic Development and Cultural Change, 1966 (14): 74-89.

[182] PHILIPPON T. . The Evolution of the US Financial Industry from 1860 to 2007 [J]. NYU Working Paper, 2009.

[183] PHILIPPON T. , ARIELL R. Wages and Human Capital in the U. S. Financial Industry: 1909—2006 [J]. NBER Working Paper, 2009: 14644.

[184] PORTA R, LOPEZ-DE-SILANES F, SHLEIFER A, et al. Legal Determinants of External Finance [J]. The Journal of Finance, 1997, 52 (3): 1131-1150.

[185] RADELET S. , SACHS J. . The Onset of the East Asian Financial Crisis [J]. Mimeo, Harvard Institute for International Development, 1998.

[186] RAJAN R G, ZINGALES L. Financial Dependence and Growth [J]. American Economic Review, 1988 (88): 559-586.

[187] RAJAN R G, ZINGALES L. The Great Reversals: The Politics of Financial Development in the Twentieth Century [J]. Journal of Financial Economics, 2003, 69 (1): 5-50.

[188] RAMEY G. , RAMEY V. A. . Cross-Country Evidence on the Link between Volatility and Growth [J]. American Economic Review, 1995, 85 (5), 1138-1151.

[189] RICARDO J. CABALLERO. Discussion of "Global Imbalance and the Financial Crisis: Products of Common Cause, by M. Obstfeld and K. Rogoff" [EB/OL]. http: // papers. ssrn. com/sol3/papers. cfm? abstract _ id=1335713 (2009) .

[190] RIOJA F, VALEV N. Does One Size Fit All?: A Reexamination of the Finance and Growth Relationship [J]. Journal of Development Economics, 2004, 74 (2): 429-447.

[191] ROUSSEAU P L, WACHTEL P. Equity Markets and Growth: cross-Country Evidence

on Timing and Outcomes, 1980—1995 [J]. Journal of Banking & Finance, 2000, 24 (12): 1933-1957.

[192] ROUSSEAU P L, WACHTEL P. Financial Intermediation and Economic Performance: Historical Evidence from Five Industrialized Countries [J]. Journal of Money, Credit and Banking, 1998: 657-678.

[193] ROUSSEAU P L. The Permanent Effects of Innovation on Financial Depth:: Theory and US Historical Evidence from Unobservable Components Models [J]. Journal of Monetary Economics, 1998, 42 (2): 387-425.

[194] ROUSSEAU P. L. , WACHTEL P. What is Happening to the Impact of Financial Deepening on Economic Growth? [J]. Economic Inquiry, 2011, 49 (1): 276-288

[195] SCHOENMAKER D. , WERKHOVEN D. . What is the Appropriate Size of the Banking System? [J]. DSF Policy Paper, 2012 (28).

[196] SEBASTIAN EDWARDS. The U. S. Current Account Deficit: Gradual Correction or Abrupt Adjustment? [J]. Journal of Policy Modeling, 2006 (4): 629-643.

[197] SEMIH YILDIRIM H, PHILIPPATOS G C. Efficiency of Banks: Recent Evidence from the Transition Economies of Europe, 1993—2000 [J]. European Journal of Finance, 2007, 13 (2): 123-143.

[198] SHLEIFER A, VISHNY R W. Large Shareholders and Corporate control [J]. The Journal of Political Economy, 1986: 461-488.

[199] STIGLITZ J E. Credit Markets and the Control of Capital [J]. Journal of Money, Credit and Banking, 1985, 17 (2): 133-152.

[200] STIGLITZ J. E. Freefall: America, Free Markets, and the Sinking of the World Economy [J]. W. W. Norton, 2010a.

[201] The Group Chaired by Jean-Pierre Landau. Global Liquidity-Concept, Measurement and Policy Implication CGFS Papers [R]. BIS Nov 2011.

[202] TOBIN J. Money and Economic Growth [J]. Econometrica: Journal of the Econometric Society, 1965: 671-684.

[203] TOBIN J. On the Efficiency of the Financial System [J]. Lloyds Bank Review, 1984 (153): 1-15.

[204] WACHTEL P, ROUSSEAU P. Financial Intermediation and Economic Growth: A Historical Comparison of the US, UK and Canada [R]. 1994.

[205] WEILL L. Measuring Cost Efficiency in European Banking: A Comparison of Frontier Techniques [J]. Journal of Productivity Analysis, 2004, 21 (2): 133-152.

后 记

本书是在本人博士论文——《美国金融发展过度问题研究》的基础上修订形成的。至今回想来读博的过程，仍觉得"读博士是一场修行"。尤其是博士论文写作过程，带给我的包括困扰、焦虑、欣喜、茫然、顿悟和觉醒在内的诸多感触都让我更加确信，读博士带给我的不仅是一个学历和一份工作，更多的是内心的宽厚和博大以及全面分析和解决问题能力的提升。当然，在这个过程中，我很庆幸有那么多的人关心、支持和鼓励我，在这里我要表示最真诚的谢意。

我要衷心地感谢我的导师胡海峰教授。承蒙老师厚爱，一直给予我悉心的指导和关怀；尤其在博士论文写作期间，包括论文的选题、框架的构建、实证模型的检验乃至写作语言的流畅和规范，胡老师都不厌其烦地帮我分析、论证和修改。可以说，我的博士论文从选题到定稿，都渗透着胡老师的心血。三年来，胡老师严谨的学风、扎实的理论功底、敏锐的洞察力以及勤奋的学术态度都使我受益匪浅，也将永远鞭策着我不断前行。未来的日子里，我将更加勤奋工作、踏实做事，以回报老师的培育之恩。感谢我的硕士导师李晓峰副教授对我生活和工作提出的宝贵意见，使得我可以更加坚定和自信地做出选择。

博士论文答辩过程中，五位答辩委员会老师对我的论文提出了诸多宝贵意见，这也成为我进一步深入研究论文选题的动力和方向，在这里请允许我一并感谢，他们是肖琛老师、李翀老师、李军林老师、李永森老师和仲鑫老师。

在本书付梓之际，让我再一次感谢在我论文写作过程给予我无私帮助的同学们以及我的家人，是他们的默默支持和无私奉献使得我能够顺利完成学业。特别是攻读博士学位期间，爱子李亦然出生并健康成长，带给了我无限的快乐。我的爱人李晓先生给予我足够的理解和支持，他的坚韧、善良将是我永远的精神支柱。

最后，让我再一次感谢我的导师胡海峰教授，是他的鞭策和鼓励让我不断前行；感谢知识产权出版社，使我的论文能够出版。

大爱无声，唯有更加努力报答！